民法の基礎から学ぶ

民法改正

山本敬三

岩波書店

目　次

Ⅰ．はじめに

民法の一部を改正する法律（平成 29 年法律第 44 号）が、2017 年 5 月 26 日に国会で可決・成立し、6 月 2 日に公布されました。施行は、2020 年 4 月 1 日に予定されています。民法が最初にできたのは 1898 年ですので、実に **120 年ぶり**の大改正ということになります。

もう少し正確にいいますと、民法の中には、財産に関する部分と家族に関する部分があります。条文の数でいいますと、全部で 1 条から 1044 条まであるうち、財産に関する部分が約 7 割、家族に関する部分が約 3 割というところです。このうち、家族に関する部分は、戦後すぐに、日本国憲法の制定にあわせて大改正されました。したがって、今回は、財産に関する部分が 120 年ぶりに改正されたということです。分量的には、財産に関する部分のうち、半分以上が改正の対象となりました。大改正といって差し支えないでしょう。

身近な民法 大改正

消費者保護に重点

企業や消費者の契約ルールが民法制定以来、約120年ぶりに抜本改正される。債権関係規定（債権法）に関する改正民法が26日に成立し、2020年をめどに施行される。改正は約200項目に上り、様々な生活の場面に影響が及ぶ身近なルール変更が多い。インターネット取引の普及などの時代の変化に対応し、消費者保護に重点を置いたのが特徴だ。

ツケ時効統一

「常連客が飲み代のツケをなかなか払ってくれない。1年がたち、取り立てる権利がなくなってしまった」。こんな悩みを抱える飲み屋の店主にとって今回の改正は朗報かもしれない。ツケ払いの時効が延びるからだ。

現在、未払い金の返還を請求期間の「消滅時効」は原則10年。だが、飲食代は1年、弁護士報酬は2年など業種ごとにバラバラの「短期消滅時効」が存在する。根拠が曖昧なものもあり、法改正で消滅時効は原則「権利を行使できると知ってから5年」に統一する。

「法定利率」下げ

「交通事故によって働けなくなってしまった。損害賠償を請求するため、知り合いの弁護士に相談すると『改正民法の施行で法定利率が引き下げられたから、もらえる額が多くなるよ』と言われた」。こんなケースも出てきそうだ。

今回の改正では金銭貸借などの契約を交わした当事者同士が金利を特に定めなかった場合に適用される「法定利率」を初めて引き下げる。現在は年5％の固定制だが、超低金利が続く実勢と乖離（かいり）が生じていた。年3％に引き下げ、3年ごとに1％刻みで見直す変動制を導入する。

法定利率の引き下げは、事故の被害者や遺族が受け取る保険金の増額に影響する。事故に遭わなければ将来得られていた「逸失利益」から保険金を算出する際、法定利率で運用した場合の運用益が差し引かれるためだ。一方、損害保険各社にとっては支払う保険金が増える。自動車保険料の引き上げにつながる可能性がありそうだ。

連帯保証見直し

「知人が事業に失敗し、突然、自分が借金を背負うことになってしまった。そういえば昔『絶対に大丈夫だから』と頼まれて連帯保証人になった記憶がある」。中小零細企業への融資の際、事情をよく知らずに連帯保証人になった親族や知人が借金を背負い、自己破産に追い込まれる例は多い。

こうした悲劇を防ごうと、連帯保証についても見直す。親族や知人などの第三者が保証人になる場合、公証人が自発的な意思を確認することが必要になる。個人の保護を強める形だ。

敷金返還ルール

「賃貸アパートを退去したが、大家さんが『貸した時よりも壁が汚れている』と言い張って敷金を返してくれない」。こんな敷金をめぐるトラブルは絶えない。

国民生活センターへの敷金や原状回復をめぐる相談は年1万件以上に上る。

今回の改正では敷金は退去時に原則として返すと明文化した。壁紙の傷みや畳の擦れなど、経年劣化に伴う修繕費については、借り主が負担する必要がないことも定めた。

債権分野の抜本改正は120年ぶり

▼消滅時効
飲み代のツケは1年、弁護士報酬は2年など業種ごとにバラバラの「短期消滅時効」が存在
→原則として「権利を行使できると知ってから5年」に統一

▼法定利率
年5％で固定
→年3％に引き下げ、3年ごとに見直す変動制を導入

▼連帯保証人
中小零細企業への融資で、保証人になった親族や知人らが自己破産に追い込まれる例も
→第三者が保証人になる場合は、公証人による意思確認が必要に

▼敷金
民法に規定なし
→敷金返還のルールを新設。通常使用による壁紙の傷みなどは、借り主に修繕費を負担する義務なし

▼約款
民法に規定なし
→規定を新設。消費者に一方的に不利な条項は無効に

与野党の賛成多数で改正民法が可決、成立した参院本会議（26日）

長くて細かい「約款」

ネット時代対応 新規則

一方的な条項は無効に

「ネット通販で購入した商品を返品しようとしたが、規約を理由に断られた」。自宅で手軽にできるインターネット取引の普及に伴い、こうしたトラブルが急増。今回の改正ではその対応策として「約款」についてのルールを新設した。

約款とはネット通販のほか、電気やガスの契約など、企業が不特定多数の消費者と同じ内容の取引をする場合に示す契約条件のこと。長文で細かい内容を十分に確認せずに契約してしまい、後から不利な内容に気づく事例が多かった。

新たに定めるルールでは消費者の利益を一方的に害する条項は無効とした。企業などにとっては、契約内容が適正かどうかを再確認する必要がでてくる。一方、合理的な事情であれば約款の変更は可能だと規定した。不特定多数の消費者と個別に変更を合意するのは難しいからだ。どの程度の変更ならば認められるかという判断基準には曖昧さがあり、今後の課題になりそうだ。

日本経済新聞 2017 年 5 月 27 日付朝刊

このように民法という重要な法律が大改正されたということは、テレビのニュースでも大きく取り上げられましたし、新聞でも一面で報道されましたので、ご覧になられた方も多いことと思います。しかし、何がどう改正されたかということをよくご存知の方は、あまりおられないでしょう。というよりも、そもそも民法という法律がどのようなもので、そこにどのようなことが定められているかということも、実はよく知らない。そういう方もきっとたくさんおられるでしょう。

この本は、そのような方々に、**今回の民法改正がどのようなものであり、何を**

目指しているかということをおわかりいただくための本です。もちろん、そこにたどりつくためには、いくつかのステップをふむ必要があります。まず、①そもそも**民法とはどのような法律なのか、なぜ重要なのか**。次に、②その**民法は、いつ・どのようにして作られたのか**。そして、③**なぜ今、民法が改正されなければならないのか**。ここまで説明してようやく、④**民法はどのように改正されたのか**、それは**何を目指しているのか**という話にたどりつくことができます。

ただ、どのように改正されたのかといいましても、改正された項目の数は膨大なもので、薄い本ではとうていすべてを説明することができません。前提となる法律の知識がありませんと、正確に理解することもむずかしいでしょう。そこで、この本では、こまごました改正の中身を紹介するのではなく、まずは、民法とはどのようなものか、その意味での**民法の基礎**をしっかりと学んでいただき、そこから**民法をいま改正する意味**を理解していただくことを目指したいと思います。

Ⅱ．民法の基礎

最初に、**民法とはどのような法律なのか**というところから説明をはじめたいと思います。

1．法体系の中での民法の位置

1 公法と私法

まず、**法体系全体の中で、民法はどこに位置している**のでしょうか。

あらかじめ前提となる大枠をお示ししておきますと、法体系は、大きく分けて、公法と私法からなります。

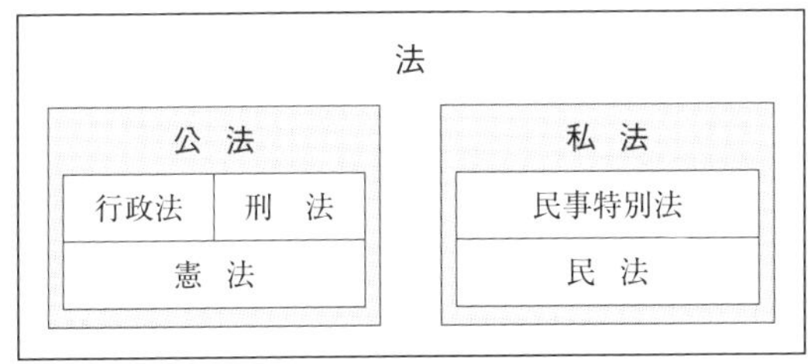

公法というのは、たとえば行政法や刑法などで、その大もとには憲法があります。

それに対して、**私法**というのは、たくさんの法律があるのですが、その大もとに民法があります。

わかりにくいので、例をあげて説明しましょう。

> 【ケース 1】
> Ｘは、酒酔い運転をしていて、歩行者Ｙをひき殺してしまった。

この場合に、Ｘは、どのような責任を負うでしょうか。これは、自動車教習所に行ったことのある人なら、わかるでしょう。あそこでは、かならず事故のビデオをみせられて、３つの責任があるということが教え込まれます。

第1は、**刑事責任**です。自動車の運転により人を死傷させる行為等の処罰に関する法律2条1号によりますと、アルコール又は薬物の影響により正常な運転が困難な状態で自動車を走行させ、それによって人を死亡させた者は、1年以上の有期懲役に処せられます。

第2は、**行政責任**です。道路交通法65条によりますと、酒気帯び運転をしてはいけないとされています。そして、同じ道路交通法の103条1項では、これに違反した者について、公安委員会は運転免許の取消しまたはその効力の停止をおこなうことができるとされています。

この公安委員会というのは、行政機関です。刑罰は、裁判所に訴えられて、そこで有罪判決を受けてから科せられるものですが、この免許の取消しや停止は、裁判所ではなく、行政機関が直接科す不利益です。だから、これは、行政責任と呼ばれるわけです。

第3は、**民事責任**です。いくら刑罰を受けたり、免許を取り消されたりしても、被害者が残っています。そこで、Yの遺族は、Xに対して損害賠償を求めることになります。これは、民法ですと、709条に定められています。ただ、このケースのように、自動車事故の場合は、自動車損害賠償保障法という法律に特別な規定があります。

この3つの責任をくらべてみると、刑事責任と行政責任は似ていることがわかります。刑事責任は裁判所、行政責任は行政機関が科すとはいえ、どちらも国の機関がXという人に対して刑罰や行政上の不利益を科すものだからです。このように、**国と人との関係を規律する法**のことを「**公法**」といいます。

これに対して、民事責任は、国の機関とXとの関係というよりは、むしろ

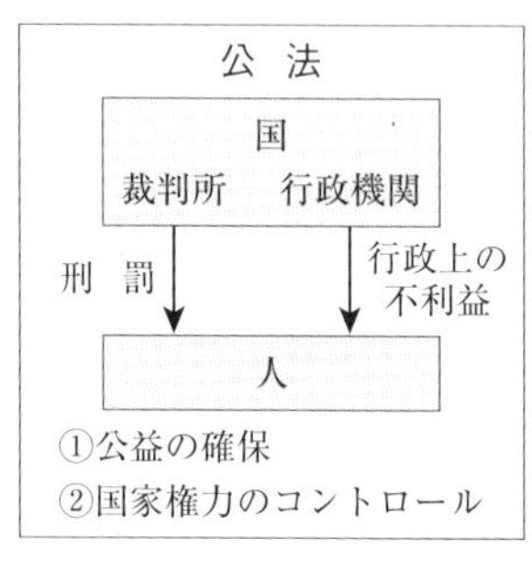

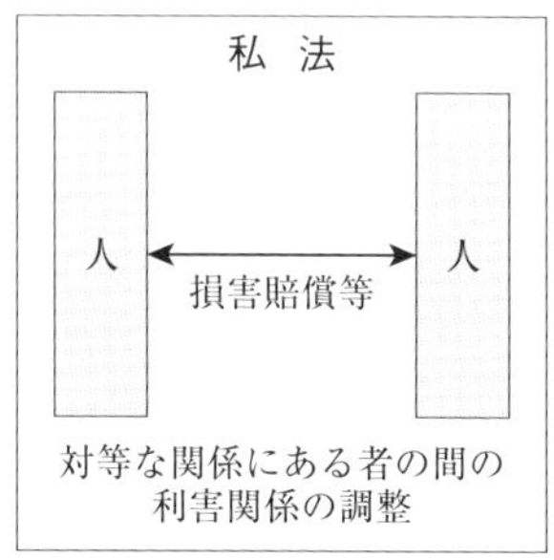

XとY、つまり人と人との関係です。このように、**人と人との関係を規律する法**のことを「**私法**」といいます。

では、どうしてこの2つを区別しないといけないのでしょうか。

それは、国というものが特別な地位を占めているためです。国は、どんな大きな企業でもおよびもつかないくらいの財力を持ち、何よりも武器とそれを使える人員を多数かかえています。このような強大な権力を持った国が勝手なことをすると、個人の運命は風前のともしびです。国が、公益のために行動しなければならないのは当然としても、それと同時に、個人の権利が不当に害されることのないよう、**国家権力に対して適正なコントロールを加える**ことが不可欠です。その意味で、公法には共通した性格と使命が認められます。

これに対して、私法の方はそのような性格を持ちません。ここでの中心は、人と人とのひとまず対等の関係です。そこでは、強大な権力をコントロールするという側面はあまり出てきません。**人と人との利害をどう調整するか**。それが私法の主たる関心事です。

2 私法の基本法としての民法

このうち、私法に属するのは、民法のほか、消費者契約法や借地借家法、製造物責任法、さらに商法、会社法、労働契約法などなどのいわゆる**民事特別法**です。

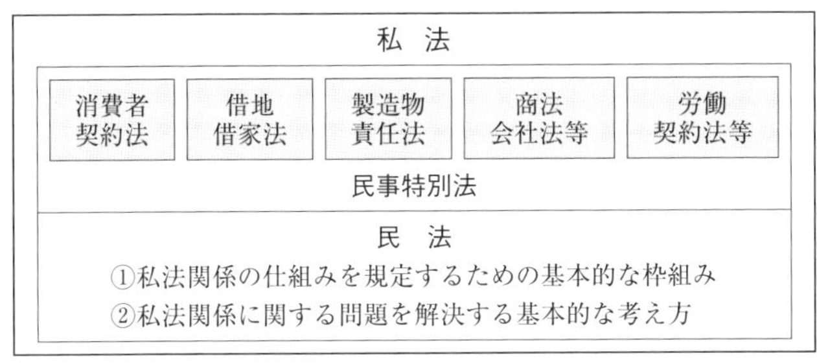

しかし、**民法**は、その中でも特に重要な位置を占めます。①**私法関係の仕組みを規定するための基本的な枠組み**、そして、②**私法関係に関する問題を解決する基本的な考え方**を定めたのが民法です。民法なくして私法は成り立ちませ

ん。その意味で、民法は、**私法の基本法**としての性格を持つということができます。

2．民法の対象

それでは、民法は、どのようなことを定めているのでしょうか。その対象は、財産関係と家族関係です。財産関係を定めた部分を**財産法**、家族関係を定めた部分を**家族法**といいます。

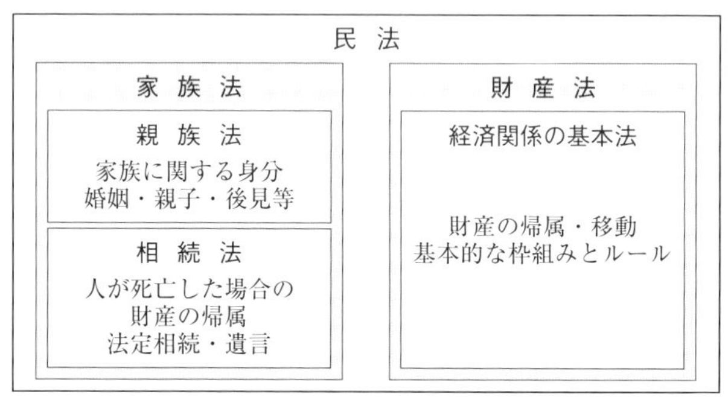

まず、イメージのわきやすい**家族法**から説明しましょう。これは、さらに親族法と相続法に分かれます。**親族法**は、家族に関する身分を定めた法です。婚姻や親子、後見などが規定されています。**相続法**は、人が死んだ場合にその財産が誰のものになるかということを定めた法です。法定相続や遺言などが規定されています。

これに対して、**財産法**とは、財産をめぐって、人と人との間に生じるさまざまな問題を規律する法です。そうした財産に関する問題を規律する法は、民法にかぎられません。その中で、民法が定める財産法は、その一番基本的なこと、つまり**財産の帰属とその移動に関する基本的な枠組みとルール**を定めたものです。これはまさに、経済関係のもっとも基本的な部分を定める法にほかなりません。

3．財産法の仕組み

1 所有と契約

(1)経済関係の基本モデル

このように、財産法は、経済関係の基本を定める法です。では、その**経済関係の基本**とは何でしょうか。それは一言でいうと、**所有と契約**です。

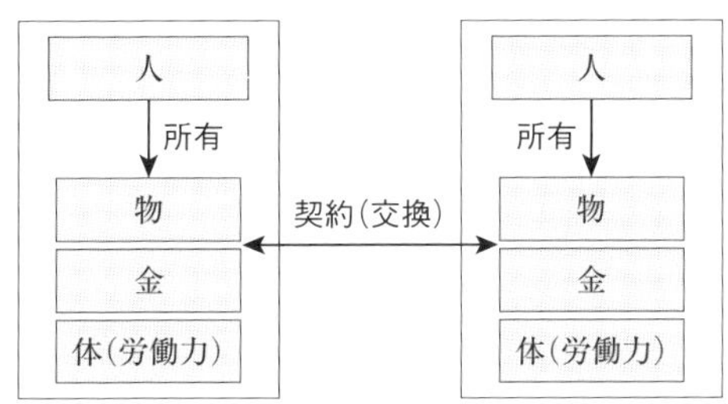

まず、各人は、それぞれ物と金、そして自分の体を持ちます。これが、「**所有**」です。

このことを前提として、それぞれの物と金を交換します。体を交換するのは少し危ない話ですが、体を使って仕事をすれば、物や金と交換することができます。これが「**契約**」です。

財産法とは、こうした経済関係の基本モデル、つまり所有と契約を基礎としてできあがっているということができます。

(2)所有の保障

もう少しくわしくみてみましょう。まず、**所有**です。

【ケース2】

Xは、六甲に別荘甲を持っていた。ようやく休暇がとれたので久しぶりに甲に行ったところ、半年ほど前からなぜかYがそこに住みついていた。しかも、Yは、この間に甲を乱暴に使用していたため、窓ガラスやドアが破損していたほか、床や壁がシミだらけになっていることがわかった。

Xがこの別荘甲を持っているというのは、Xがその別荘甲の所有権を持っているということです。では、**所有権を持っている**ということは何を意味するでしょうか。それは要するに、その物を自分の好きなように使ったり、処分したりすることが法的に認められているということです。5年も10年も忙しくて別荘が使えなくても、その別荘がXの所有物であることに変わりはありません。また、自分自身は使わずに誰かに貸したり、あるいはもう使わないので誰かに売ったりすることも、Xの自由です。Xがその**物の使用・収益・処分の自由を持つ**こと。それが**法的に承認されている**ということ。それが、所有権を持つことの意味です。

では、そのような所有権を持っていると、具体的に何がいえるのでしょうか。ケース2に即していうと、Xは具体的に3つの権利を持っているということができます。

まず、Yが住みついていて、別荘甲が使えないということは、Xの使用・収益・処分の自由がさまたげられていることを意味します。したがって、XはYに対して、出て行けということができなければなりません。つまり、所有物の使用・収益・処分をさまたげる者に対して、その妨害の排除を求める権利。そういう**妨害排除請求権**をXは持ちます。

次に、これで実際にYが出ていったとしても、それまで半年間、Yが別荘甲を勝手に使っていたという事実は残ります。ということは、Yは、Xに断りもなく、タダで使っていたのですから、その分だけ利益を得たわけです。本当ならば、その間の使用料を払わないといけなかったはずです。そこで、この半年分についても、XはYに対して、不当に得た利益、つまりその間の使用料に相当するものを返せということができます。これが**不当利得返還請求権**です。

さらに、このケースでは、Yが甲を乱暴に使っていたために、窓ガラスやドアが破損していた上、床や壁がシミだらけになっています。このような場合は、XはYに対して弁償しろといえるはずです。つまり、所有物を侵害した者に対して、それによって生じた損害の賠償を求める権利。そうした**損害賠償請求権**も認められます。

妨害排除請求権	所有物の使用・収益・処分をさまたげる者に対し、その妨害の排除を求める権利 ＝「出て行け」
不当利得返還請求権	所有物から勝手に利益を得た者に対し、その利益の返還を求める権利 ＝「使った分の料金を返せ」
損害賠償請求権	所有物を侵害した者に対し、それによって生じた損害の賠償を求める権利 ＝「弁償しろ」

(3)契約の保障

以上が、所有です。次に、**契約**の方をみておきましょう。

【ケース 3】

Ｘは、六甲に持っていた別荘甲を、Ｙに 4 週間、20 万円で貸すことにした。Ｙはそこに 1 週間滞在したが、会社の都合で帰らざるをえなくなった。Ｙは、1 週間しか使っていないのだから、5 万円しか払わないといっている。

先ほどと違って、今度のＹは、Ｘに無断で別荘甲を使っているわけではありません。ＹはＸと、Ｘの所有物である別荘甲を、4 週間、20 万円と引き換えに使わせてもらうという約束をしています。これが「契約」です。契約をしていれば、同じようにＸの物をＹが使っていても、不法占拠にはなりません。Ｙはこの 4 週間、**別荘を使う権利**があるといえるわけです。

Ｙは実際に 1 週間しか使わなかったのだから、5 万円しか払わないといっていますが、契約では、20 万円と引換えに、Ｙはその別荘甲を 4 週間使う権利を取得したわけです。この権利をどう使おうとＹの勝手です。Ｘはそれに対して口出しはできません。そのかわり、20 万円を払ってもらうと約束したわけです。したがって、実際にどの程度使ったかは、支払う金額と関係ありません。

これに対して、Ｙは、「自分が悪いのではない。会社のせいだ。」というかもしれません。しかし、Ｙの会社の都合など、Ｘのあずかり知らないことです。

X は、4 週間、別荘甲を自由に使う可能性を Y に与えた。そして、Y はその可能性を手にした以上、実際に使わなかったとしても、約束した 20 万円を支払わなければなりません。**契約は守らなければならない**。それが、契約をしたことの当然の帰結です。

このように、契約をすると、その契約をした者はそれに拘束される。いやだといっていても、最終的にはその実現を強制される。これが、**契約制度**です。財産法は、「交換」という側面を、このような契約制度として保障しているわけです。

2 物権と債権

(1) 日本の財産法の仕組み

以上のように、各人がそれぞれ物と金、体を所有していることを前提として、そうした所有者たちがそれぞれに必要なものを契約によって交換する。それが、経済関係の基本モデルです。それを前提として、所有の側面を所有権として保障し、交換の側面を契約制度として保障する。これはそうむずかしくないでしょう。

もっとも、ヨーロッパ大陸の民法、そしてそれを受け継いだ日本の民法は、このモデルをもう少しモディファイしてできています。つまり、これをもっと抽象化したかたちになっています。それが、**物権と債権**です。

まず、先ほどの所有を抽象化して、**物権**というものが考えられます。所有というのは、持ち主である人がその物を自由に使用・収益・処分することができる権利です。これはもっと抽象化していうと、**人がその物を支配する権利**ととらえることができます。このように、人と物との関係を権利としてとらえたもの。それが**物権**です。

これに対して、**債権**とは、人と人との関係を権利としてとらえたものです。つまり、**人が特定の他人に対して一定の行為をしてもらう権利**。それが、債権です。

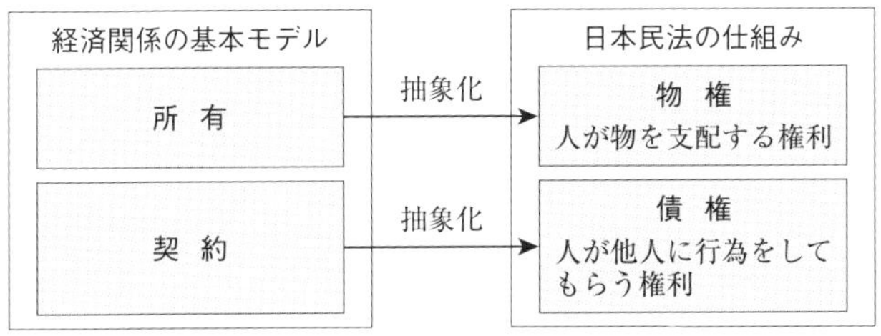

(2) 物権の仕組み

このうち、**物権**は、今回の民法改正の対象ではありませんので、説明は省略します。基本は所有権であって、そのうちの利用価値分を切り出したものが**用益物権**、交換価値分を切り出した部分が**担保物権**であって、さらにこれらとは別に**占有権**があるということです。

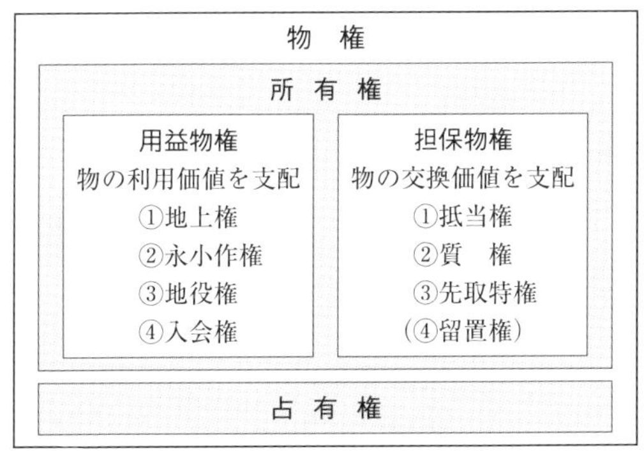

(3) 債権の仕組み

(a) 契約の場合

次の**債権**は、わかりにくいかもしれません。**契約**を抽象化すると、どうして債権が出てくるのか。次のケースで考えてみましょう。

【ケース 4】

X は、六甲に持っていた別荘甲を、Y に 4 週間、20 万円で貸すことにした。
①Xは、Yにカギを渡そうとしない。

このままでは、Yはその別荘甲を使うことができません。しかし、Yに貸すという契約をしたのですから、それはおかしいでしょう。したがって、YはXに対して、別荘のカギを渡せといえるはずです。ここで「カギを渡せ」というのは、要するに、「その別荘を使わせろ」という意味です。つまり、このような契約をした以上、YはXに対して、その別荘甲を4週間使わせろと求めることができます。

②Yは、4週間別荘甲を使ったのに、難癖をつけて20万円を払おうとしない。

この場合、Xは、もちろん、Yに対して20万円を払えと求めることができます。

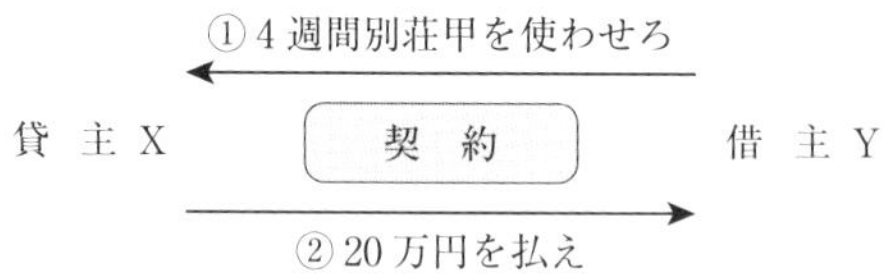

このように、**Yという人が、Xという人に対して、別荘甲を使わせるという行為をしてもらう権利**がある。**Xという人が、Yという人に対して、20万円を払うという行為をしてもらう権利**がある。いずれも、人が、他の人に対して、一定の行為をしてもらう権利にほかなりません。

しかし、このように抽象化しますと、**契約以外の場合**にも、債権を認めることが可能になります。

(b) **不当利得の場合**

まず、**不当利得**ですが、これはケース2でふれました。特に契約もしないで、YはXの別荘甲に半年間勝手に住みついていた。この半年間勝手に使ったことによって得た利益をＹはＸに返さなければなりません。ここでも、Ｘは、Ｙに対して、**半年間の使用利益を返すという行為をしてもらう権利**がある。つまり、人が、他の人に対して、一定の行為をしてもらう権利、まさに債権にほかなりません。

所有者 Ｘ ──使用料相当分を払え──▶ 占拠者 Ｙ
不当利得

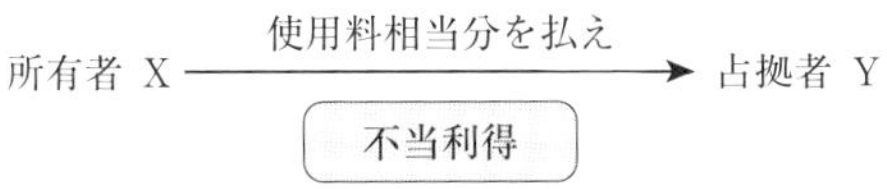

(c)**不法行為の場合**

同じことは、**不法行為**にもあてはまります。Ｙが別荘甲を乱暴に使っていたため、Ｘに損害が生じた。そこで、Ｘは、Ｙに対して、それによって生じた損害を賠償しろと求めることができます。これも、人が、他の人に対して、**損害を賠償するという行為をしてもらう権利**があるということです。つまり、債権にほかなりません。

所有者 Ｘ ──損害を賠償しろ──▶ 占拠者 Ｙ
不法行為

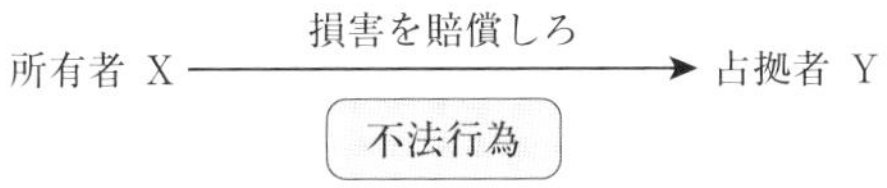

(d)**事務管理の場合**

このほか、契約でも不当利得でも不法行為でもないけれども、やはり債権が問題となるものとして、最後に**事務管理**というものがあります。

【ケース５】

Ｙ一家が海外旅行で不在にしている間に、Ｙ宅の窓が突風でこわれてしまった。Ｙのとなりには、たまたま工務店を経営しているＸが住んでいたが、Ｘは、このままでは台風が来て部屋の中が水びたしになると考え、この窓を自分で修理した。

①旅行から帰ってきたＹに対して、Ｘは修理にかかった費用５万円の支払を求めることができるか。

結論からいいますと、Xは、修理にかかった費用をYに対して求めることができます。むしろ、できないとおかしいでしょう。もっとも、YとXとの間に契約はありません。YはXに何も頼んだおぼえはないからです。Xは、単にとなりに住んでいるだけであって、このような修理をする法的な義務を負っていません。また、別にYがXにケガをさせたり、Xのものを傷つけたりしたわけでもありませんので、不法行為でもありません。

では、不当利得はどうでしょうか。たしかに、Xが修理してくれたおかげで、窓がなおったのだから、Yは利益を得ています。しかし、次の場合はどうでしょうか。

> ②Xが窓を修理した翌日に、台風のせいでまた窓がこわれてしまった場合はどうか。

このように、Xが修理をした翌日に、台風のせいでまた窓がこわれた場合は、結局、Yの手もとには何の利益も残っていません。ですから、Xは、Yに対して利益を返せと要求することはできなくなります。

しかし、Xが、Yのために善意で窓を修理してあげたという事実は残っています。たとえ、利益は目にみえるかたちでYの手もとに残っていないとしても、XがYのために費用をかけたことには変わりはありません。こうした費用をXがそのまま負担するのはおかしいでしょう。そこで、利益を返せというのではなく、**かかった費用を払え**と要求することができる。これが事務管理です。実際にかかった費用が5万円だとしますと、Xは、Yに対して、5万円を払うという行為をしてもらう権利を持つ。これが債権です。

修理 X ——かかった費用を払え——→ 所有者 Y
事務管理

4．日本の民法の編成

以上のように、財産法は物権法と債権法からなる。債権法には、契約のほか、事務管理、不当利得、不法行為が含まれている。これだけでも十分に抽象的なのですが、日本の民法は、さらにこの抽象化を徹底した編成の仕方を採用しています。

1 パンデクテン方式

それは、**パンデクテン方式**といわれるものです。これは、ローマ法に由来します。世界史で聞いた記憶があるかもしれませんが、古代ローマは、現在の市民社会の原型を作り上げた国で、特に法制度が非常に発展していました。その集大成が、ローマ法大全、ラテン語どおりですと、市民法大全というものです。ユスティニアヌス帝の時代に作られましたので、ユスティニアヌス法典といわれたりします。その中の学説を集めた部分が学説彙纂（がくせついさん）といわれるもので、ラテン語では、パンデクタエとかディゲスタと呼ばれます。

この学説彙纂の編成の仕方がパンデクテン方式といわれるもので、それが後のドイツ法に強く影響しました。日本の民法はこの方式を採用したわけです。

このパンデクテン方式の特徴は、「**個別的な事柄について共通するものをひとくくりにして前へ出していく**」という抽象化の手法です。これは、まず**各則**というものを考え、そこから**共通するものを総則として抽出**するという手法ということができます。

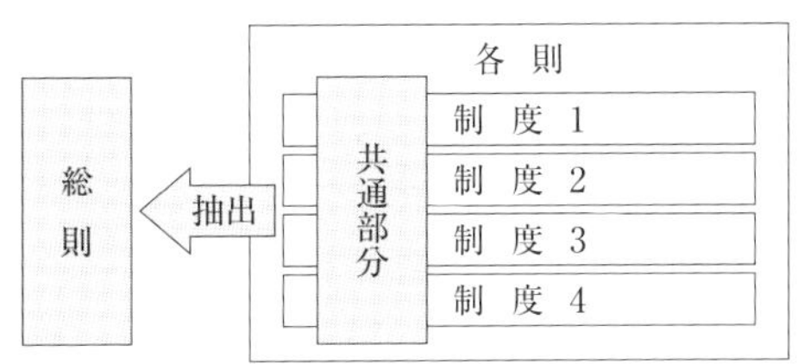

2 全体の編成

といってもわかりにくいと思いますので、順番に説明していきましょう。

まず、契約といいましても、たとえば、贈与や売買、賃貸借、雇用、委任、組合などなど、いろいろなものがあります。

それらについて、共通する事柄があれば、それぞれの契約について繰り返すのではなく、ひとくくりにして前に出す。それが、**契約総則**です。

<table>
<tr><td rowspan="4">契約総則</td><td rowspan="4">契約各則</td><td>贈与・売買・交換</td></tr>
<tr><td>消費貸借・使用貸借・賃貸借</td></tr>
<tr><td>雇用・請負・委任・寄託</td></tr>
<tr><td>組合・終身定期金・和解</td></tr>
</table>

さらに、債権は、契約だけではなく、事務管理、不当利得、不法行為からも基礎づけられます。そうすると、そこには、「債権」一般について、共通して問題となる事柄がある。それについては、契約や事務管理、不当利得、不法行為のそれぞれについて繰り返すのではなく、ひとくくりにして前に出す。こうして作られたのが、**債権総則**です。

<table>
<tr><td rowspan="7">債権総則</td><td rowspan="7">債権各則</td><td rowspan="4">契約総則</td><td rowspan="4">契約各則</td><td>贈与・売買・交換</td></tr>
<tr><td>消費貸借・使用貸借・賃貸借</td></tr>
<tr><td>雇用・請負・委任・寄託</td></tr>
<tr><td>組合・終身定期金・和解</td></tr>
<tr><td colspan="3">事務管理</td></tr>
<tr><td colspan="3">不当利得</td></tr>
<tr><td colspan="3">不法行為</td></tr>
</table>

同じ作業は、物権法や親族法・相続法についてもおこなわれます。

そして、最後に、それらすべてに共通するものをさらにひとくくりにして、民法典の冒頭に総則としておく。それが**民法総則**です。

<table>
<tr><td rowspan="10">民法総則</td><td>物権総則</td><td>物権各則</td><td colspan="3">占有権
所有権
用益物権　地上権・永小作権・地役権・入会権
担保物権　留置権・先取特権・質権・抵当権</td></tr>
<tr><td rowspan="7">債権総則</td><td rowspan="7">債権各則</td><td rowspan="4">契約総則</td><td rowspan="4">契約各則</td><td>贈与・売買・交換</td></tr>
<tr><td>消費貸借・使用貸借・賃貸借</td></tr>
<tr><td>雇用・請負・委任・寄託</td></tr>
<tr><td>組合・終身定期金・和解</td></tr>
<tr><td colspan="3">事務管理</td></tr>
<tr><td colspan="3">不当利得</td></tr>
<tr><td colspan="3">不法行為</td></tr>
<tr><td colspan="5">親族</td></tr>
<tr><td colspan="5">相続</td></tr>
</table>

③ 各部分の概要

以上が全体の編成ですが、それぞれの内容がどのようなものか、もう少しだけ説明しておきましょう。

(1)契約各則

まず、**契約各則**では、主要な契約の種類ごとに基本的なルールが定められています。タイプとしては、**物を譲渡**する契約、**貸し借り**をする契約、**働く**ことに関する契約、**団体**に関する契約、**もめごとを処理**する契約に分かれます。さらに、対価があるかどうかで、**有償**と**無償**に分かれます。名前はむずかしいですが、いずれも基本的な契約の種類ばかりです。

(2)契約総則

これらの契約に共通するものを抜き出したのが、**契約総則**です。

ここでは、契約の成立から終了までに関する共通のルールが定められています。つまり、いつ・どのように契約が**成立**するか。一方が**履行**しない場合、履行できない場合にどうなるか。契約の**当事者以外の者**に効力が生じるのはどのような場合か。さらに、いつ・どのような場合に**契約を解消する**ことができるか。こういった契約一般に関する共通のルールが契約総則に定められています。

	有　償(対価あり)		無　償(対価なし)	
譲渡型契約	売　買	物の売り買い	贈　与	物をあげる
	交　換	物の交換		
貸借型契約	賃貸借	物の貸し借り	使用貸借	物の貸し借り
	消費貸借	消費物(金銭等)の貸し借り		
労務型契約	雇　用	命令されて働く		
	請　負	仕事を請け負う		
	委　任	事務を引き受ける		
	寄　託	物をあずかる		
団体契約	組　合	出資して共同の事業を営む		
紛争処理契約	和　解	もめごとを解決する		

契約の成立			いつ・どのように契約が成立するか
契約の効力	契約の履行	同時履行	一方が履行しない場合
		危険負担	一方が履行できなくなる場合
	第三者のためにする契約		当事者以外の者に対する効力
契約の終了	契約の解除		いつ・どのような場合に契約をやめることができるか

(3)債権総則

この契約のほか、事務管理、不当利得、不法行為という債権を基礎づけるものに共通するものを抜き出したのが、**債権総則**です。

これは、債権に関する共通のルールを定めたものです。

①**債権の種類**や**内容**。

②いつ・どのように**履行**しないといけないか。**履行しない**とどのような**責任**を負うか。履行されないときのために、**債務者の財産**をどのようにして**確保**するか。

③**債権者**や**債務者**が**複数**いる場合にどう調整するか。保証人はどのような場合に・どこまで責任を負うか。

④**債権を譲渡**するための方法・手続。

⑤債務の履行によって**債権を消滅**させる方法・手続。これが弁済ですが、それ以外に債権を消滅させるための方法・手続。

債権総則では、このような事柄が定められています。

債権の目的		債権の種類・内容
債権の効力	債務の履行	いつ・どのように履行しなければならないか
	債務の不履行	履行しないとどのような責任を負うか
	債権の保全	履行されないときのために、債務者の財産をどのようにして確保するか
多数当事者の債権	連帯債務等	債権者・債務者が複数いる場合の調整ルール
	保　証	保証人はどのような場合に・どこまで責任を負わなければならないか
債権の譲渡		債権を譲渡するための方法・手続
債権の消滅	弁　済	債務の履行によって債権を消滅させる方法・手続
	相殺・免除等	債権を消滅させるためのその他の方法・手続

(4)民法総則

最後に、債権だけでなく、物権や親族、相続に共通するものを抜き出したのが、**民法総則**です。これは、まさに民法全体に共通するルールを定めたものです。

全体に共通するのは、**権利**です。そこで、**権利の主体**として、**人**と**法人**。つまり、いつからいつまで人は権利を持つことができるか。自分一人で法律行為——というのは契約や遺言などですが、そういうこと——ができないのはどのような場合か。どのような団体がどこまで権利を持つことができるか。

権利の客体として定められているのは**物**です。物とはどのようなものか。

さらに、**権利が変動する原因**として、まず、意思によるものを**法律行為**といいます。そうした法律行為はどのような場合に効力が認められるか。どのような場合に、他人、つまり代理人を使って法律行為をすることができるか。

もう１つの変動の原因は時の経過で、**時効**です。どのような場合に時の経過によって物権を取得できるか。どのような場合に時の経過によって債権が消滅するか。

このようなことを定めているのが、民法総則です。

権利主体	人　間	人	いつからいつまで権利を持つことができるか 自分１人で法律行為(契約等)をすることができないのはどのような場合か
	団　体	法　人	どのような団体がどこまで権利を持つことができるか
権利客体		物	物とはどのようなものか
権利変動	意　思	法律行為	どのような場合に法律行為(契約等)の効力が認められるか どのような場合に他人(代理人)を使って法律行為をすることができるか
	時の経過	時　効	どのような場合に時の経過によって物権を取得できるか どのような場合に時の経過によって債権が消滅するか

５．もう一度――「民法」の意味

これで、ようやく「民法」の全体像をみていただいたことになります。民法とは、財産法と家族法からなる。財産法は、物権法と債権法、家族法は、親族法と相続法からなる。両者に共通するルールを定めたのが民法総則。このような仕組みから成り立っています。

えらく抽象的でむずかしいと思われただろうと思いますが、そこで定められているのは、所有と契約、家族に関する事柄です。

このように、民法はまさに、**暮らし**はもちろん、**経済活動を成り立たせる、もっとも基本的な法律**だということができます。

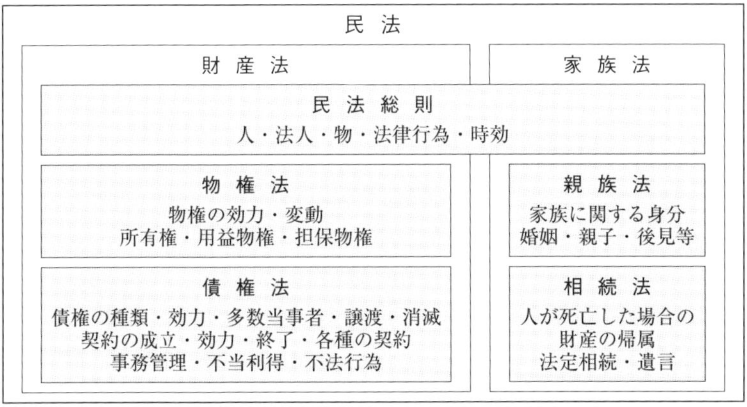

民 法

財 産 法	家 族 法
民 法 総 則 人・法人・物・法律行為・時効	
物 権 法 物権の効力・変動 所有権・用益物権・担保物権	**親 族 法** 家族に関する身分 婚姻・親子・後見等
債 権 法 債権の種類・効力・多数当事者・譲渡・消滅 契約の成立・効力・終了・各種の契約 事務管理・不当利得・不法行為	**相 続 法** 人が死亡した場合の 財産の帰属 法定相続・遺言

Ⅲ. 民法の歴史

これで、民法がとても重要な法律であることはわかっていただけたと思います。その民法の改正を理解するためには、その前提として、民法がいつ・どのようにできて、今にいたっているかということを知る必要があります。

そこで、ここからは、**日本の民法の歴史**を紹介したいと思います。大きく分けると、①明治維新まで、②明治維新から民法の制定まで、③民法の制定からバブル崩壊後まで、④現在まで、に分かれます。順にみていきましょう。

1. 明治維新まで

1 中国法の継受

まず、日本の法律の歴史は、奈良時代あたり、正確にはもう少し前にさかのぼります。この頃に、中国の**律令制**が導入されました。

当時の中国は、隋や唐の時代ですが、皇帝のもとに権力を集めた国家体制でした。これを参考にして、日本の支配体制を部族の集合体から天皇を中心とした統一国家に作り替える。そうすることによって、独立を保てるような国にすることが目指されました。

「律」とは主として刑事法、「令」とは主として行政法に相当します。ここからもわかるように、法というものは、**国家による統治のための手段**として理解されていました。

2 封建制

その後、鎌倉時代から後は、武士を中心とした**封建制**に移行しました。この時期は、律令制が形式的には残り続けたのですが、実際には、それぞれの支配領域ごとに慣習法が形成されることになりました。

特に江戸時代には、身分制秩序が強化されて、上位者の意思に反することは許されないような仕組みがとられました。

この時期の法は、そうした権力者の意思を状況に応じて実現するための手段としてとらえられました。ここでも、法は、やはり**統治のための手段**でしかありませんでした。これが、現在にまで続く日本の法律のイメージを形づくっているといってよいでしょう。

これに対して、私人間の関係は、それぞれの地域や身分に応じて形成された慣習法にゆだねられていたとみることができます。

2．明治維新から民法の制定まで

このような状況が大きく変わったのが、明治維新から後です。

1 黒船の来航と不平等条約の締結

そのきっかけは、**黒船の来航**にあります。1853年にペリーが来航して、それからしばらくの後に、江戸幕府は、アメリカやヨーロッパの列強と条約を結ぶことになりました。

これがいわゆる**不平等条約**で、日本にとって非常に不利なものでした。どこが不平等かといいますと、1つは、**治外法権**（領事裁判権）です。これは、外国人が犯罪行為をした場合でも、日本の裁判をまぬがれることができるというものです。もう1つは、**関税自主権**です。これは、商品を輸入するときに、日本が関税を自由に決められないというものです。特に税金の決め方が悪かったために、開国の後、インフレが進んで、事実上無税に近い状態になってしまったようです。これでは、外国の商品が非常に安い値段で日本に入ってきますので、日本の産業は太刀打ちできません。

2 条約改正交渉

これでは独立国といえないというわけで、**明治維新**の後、政府は、何とかしてこの不平等条約を改正しようと交渉を繰り返しました。1871年に、岩倉具視（いわくらともみ）を団長とする使節団がアメリカからヨーロッパを歴訪したのも、この交渉のためですが、相手にされませんでした。

1880年代に入って、いわゆる欧化政策、つまり日本を西洋風の文化国家にしようという政策がとられたのも、不平等条約を改正するためです。しかし、それだけでは、うまくいくはずもありません。

列強から突きつけられたのは、西欧なみの**近代的な法制度や裁判制度もない**

国とは対等な条約は結べないというものでした。たしかに、自分の国の人間が、法律もなしに、裁判もなしに死刑になるかもしれないのでは、危なくておつきあいすることができません。

3 民法典編纂作業の開始

そこで、明治政府は、この要求に応えるために、西欧風の法制度を整備するための準備をはじめました。**民法典の編纂**は、その中心の1つです。

明治維新からまだ2年しかたっていない1870年に、当時の法整備作業の中心(後の司法卿、いまでいう法務大臣)だった**江藤新平**が、率先して民法典の編纂作業を進めました。といいましても、最初は、担当者の**箕作麟祥**(みつくりりんしょう)——これは旧幕府の役人だった人で、語学の天才といわれた人です——に、フランスの民法典の翻訳を命じました。これを訳してそのまま日本の民法典にしてしまおうとしたわけです。「**誤訳も亦**(また)**妨げず唯**(ただ)**速訳せよ**」といったというのが有名です。

箕作は、まともな辞書もない時代に、涙ぐましい努力で翻訳をしたのですが、肝心の江藤新平は、征韓論で敗れて、西郷隆盛などと一緒に下野し、1874年には、佐賀で反乱を起こして、あえなく敗れて刑死しました。このため、「法典の直輸入」は頓挫することになりました。

4 御雇い外国人による編纂作業

そこで、明治政府は、1873年にパリ大学から**ボワソナード**(Gustave Émile Boissonade)を日本に招きました。ボワソナードは、まず、法学校で法律家を育てるとともに、刑事法の起草をまかされました。

1879年からは、民法典の起草もはじめました。ただし、家族法は、日本の文化・風土と密接に関連していますので、日本人委員に委嘱されました。ボワソナードに委嘱されたのは、財産法の部分です。

ボワソナードは、フランス民法典を基礎としながら、他の諸国の民法典も参考にし、さらに自分自身の見解をまじえて起草作業を進めました。もちろん、フランス語です。日本人がそれを日本語に翻訳して審議を進めました。

5 旧民法の成立と頓挫

その結果、1890年4月に財産法、10月に家族法をあわせて、民法典が公布されました。これが**旧民法**といわれるものです。

なぜこの時期かというと、11月に帝国議会が開設されることになっていて、これより後だと、帝国議会で審議することになるので、いつできるかわからない。条約改正が遅れてしまうためだったようです。非常に無理をして急いだということです。

この旧民法は、1893年から施行されることになっていました。

しかし、その後、この旧民法に対して、猛烈な反対運動が起こりました。これを**法典論争**といいます。その背景には、フランス法学派とイギリス法学派の対立、司法省法学校などと東京大学などの対立、自然法学派と歴史法学派の対立など、さまざまな思想的・政治的な対立が存在していました。

有名なフレーズが、穂積八束（ほづみやつか）の論文の題名で、「**民法出（いで）テヽ忠孝亡（ほろぶ）フ**」というものでした。フランス風の民法では日本の醇風美俗（じゅんぷうびぞく）を滅ぼしてしまうというもので、非常に大きなインパクトがありました。結果として、反対派が勝利をおさめ、旧民法は施行されないまま終わることになりました。

6 民法の制定

その後、1893年に、あらためて**法典調査会**（現在の法制審議会に相当）が設置され、民法の起草作業が仕切り直しとなりました。総裁が伊藤博文、副総裁が西園寺公望（さいおんじきんもち）ですので、政府の力の入れ方がわかります。

直接の起草にあたったのは、**穂積陳重**（ほづみのぶしげ）、**富井政章**（とみいまさあきら）、**梅謙次郎**（うめけんじろう）という、当時まだ30代、留学帰りの現在の東京大学の教授たちでした。

この起草作業は、**旧民法を基礎**としながら、新たに**ドイツ法の成果を取り込む**方向で進められました。全体の構成についても、先ほどの**パンデクテン方式が採用**されることになり

左から、富井、梅、穂積

ました。

こうして、3年あまりで202回の審議を経て、1896年4月27日に総則・物権・債権編、1898年6月21日に親族・相続編が公布され、ともに**1898年7月16日**に**施行**されるにいたりました。

これは、現在からみましても、当時の世界最先端とでもいうべき立法です。明治維新からわずか30年でこの偉業を達成したのは、驚異というしかありません。とりわけこの3人の起草委員は、恐ろしく優秀でした。このような偉大な先達を持ったことを、私たちは誇りに思い、幸せと感じるべきでしょう。

3．民法の制定から1990年代まで

次に、民法ができてから、1990年代まで、ざっと概観しておきましょう。

[1] 立法の状況

まず、その後の立法の状況をまとめますと、次のとおりです。

戦前は、借地法・借家法など、土地・建物の借主を保護するための法律が目立ちました。民法自体は、第二次世界大戦後に、日本国憲法の制定にともなっ

1898年	民法典の施行	
1909年	建物保護法	土地・建物の借主の保護
1921年	借地法・借家法	
1946年	罹災都市借地借家臨時処理法	
1947年	**親族・相続編の改正**	日本国憲法　家制度の廃止
1954年	利息制限法(改正)	借金の借主の保護
1955年	自動車損害賠償保障法	交通事故　被害者の保護
1961年	割賦販売法	クレジット　被害者の保護
1962年	**同時死亡の推定・代襲相続等の改正・区分所有法**	災害への対処　マンションの増加
1971年	**根抵当の新設**	過剰な担保からの保護
1976年	訪問販売法	消費者問題　被害者の保護
1978年	仮登記担保法	過剰な担保からの保護
1980年	**相続人・相続分の改正等**	妻の保護
1987年	**特別養子制度**	親のない子に親を与える

て家制度を廃止する必要が生じましたので、親族編と相続編が大改正されました。

1950年代から60年代にかけて、交通事故の被害者を保護するための法律やクレジットの被害者の保護、マンションが建ちはじめたのでそのための法律、さらに、過剰な担保からの保護、消費者問題への対処。そうした**その時その時に出てきた現代的な問題に対処**するために、**特別法**が制定されてきました。

太字になっているのが**民法の改正**ですが、比較的小さなものばかりです。

特に民法の中の**財産法**は、社会がこの90年ほどの間に大きく変化してきたのに、**ほとんど改正されていません**。いったいなぜそのようなことが可能だったのでしょうか。

2 法の解釈の仕組み

これを理解していただくためには、**法の解釈というものがどのようなものか**ということを説明する必要があります。

(1)一般的な法律のイメージ

まず、**一般の方々の法律のイメージ**を確認しておきましょう。

【ケース6】

Q：私は妻子を持つ身ですが、行きつけの店のホステスと深い仲になってしまいました。半年ほど前、彼女にせがまれて、つい「マンションを買ってやる」といってしまったのですが、その後何となく彼女がうとましくなり、最近はつとめて会わないようにしています。ところが、彼女は、私の職場にまで電話をかけてきて、マンションを買ってやるという約束はどうなったのかと責めるのです。いったいどうしたらよいでしょうか。

A：民法550条には、「書面によらない贈与は、各当事者が解除をすることができる」と規定されています。したがって、あなたが「マンションを買ってやる」と口約束をしただけならば、この約束は解除することができます。法的には彼女の要求に応ずる必要はありません。

このように、何かトラブルが起こったときに、**法律の条文をみればそこに答**

えが書いてあるというのが、典型的な法律のイメージではないでしょうか。六法全書というのは、そうした問題と答えを網羅した一大ルールブックであって、裁判官や弁護士は**その全部を頭のなかに記憶している**とんでもない人間だ。そんな漠然としたイメージを、多くの皆さんは持っているのではないでしょうか。

(2)なぜ六法全書を覚えるだけでは法律家になれないか

いうまでもなく、六法全書をすべて暗記するのは不可能です。しかし、たとえ暗記することができたとしても、それだけでは法律家になれません。

(a)第1の理由——解釈の必要性

第1の理由は、法律の条文は、問題に対する答えをそのものずばりというかたちで定めているとはかぎらないところにあります。つまり、条文を解釈して、答えがどうなるかを決めなければならない場合が多い。むしろそれが通常だということです。

それはどうしてかといいますと、まず、あらゆる場合を想定してあらかじめ条文を用意しておくことは無理だからです。したがって、法律を作るときには、問題をある程度抽象化して、1つの条文でたくさんのケースをあつかえるようにするしかありません。

そうしますと、そのようにしてできた**抽象的な規定が、いま問題となっているケースをカバーしているかどうかを判断**しなければならなくなります。それが「**解釈**」というものです。

例をあげて考えてみましょう。

【ケース7】

地区対抗のサッカー大会で、こぼれ球をキーパーXが捕球しようとしているのに、相手チームのYが足を振り上げて蹴ろうとしたため、Yの足がXの顔面を直撃した。Xは、メガネを使用していたが、それが破損したため、左目に大けがをし、治療のかいなく失明してしまった。この結果、Xは仕事をやめざるをえなくなり、鬱(うつ)状態がこうじて1年後、自殺してしまった。

Xの遺族が泣き寝入りするつもりがなければ、Yに損害賠償を求めることになります。では、この問題について答えを書いた条文はあるでしょうか。法律の条文に、サッカー大会の話が書かれているとは思えません。

このケースに関係する条文は、まず、**民法 709 条**です。それによると、「故意又は過失によって他人の権利又は法律上保護される利益を侵害した者は、これによって生じた損害を賠償する責任を負う」と定められています。これだけです。

サッカーの試合でキーパーが捕球しようとした際に足を振り上げて顔を蹴ったことが「過失によって他人の権利又は法律上保護される利益を侵害した」場合にあたるのか。また、X が失明したこと、仕事をやめたこと、さらに自殺したことまで、「それによって生じた」といえるのかどうか。条文をいくらながめても、答えは出てきません。

もう 1 つ関係する条文は、**民法 722 条 2 項**です。それによると、「被害者に過失があったときは、裁判所は、これを考慮して、損害賠償の額を定めることができる」と定められています。

X がメガネをかけていたことが「過失」になるのか、鬱状態になって自殺したことはどうなのか。いや、そもそも具体的な損害賠償の額はどのようにして決めるのか。これだけでは、まったくわかりません。

これでは、いくら条文を知っていたとしても、具体的なケースを解決できないでしょう。つまり、六法全書を暗記していても、それだけでは絶対に法律家にはなれないのです。

(b)第 2 の理由——欠缺の不可避性

このように、解釈をどのようにすればよいかということは、もちろん大問題ですが、そもそも**条文がない場合**も少なくありません。

では、どうして法律には欠けている部分——これを「欠缺(けんけつ)」といいます——があるかといいますと、1 つには、法律も人間が作るものですので、どうしてもすべての問題を予測しきれないからです。つい、もれてしまうということもあるわけです。

また、当たり前のことだから、特に条文をおかなかったという場合も少なくありません。

逆に、むずかしすぎるので、はっきり定めないでおいて、将来の判例・学説の発展にゆだねたという場合もあります。

さらに、法律ができて10年、20年もたってくると、社会状況が立法当時とかなり違ってきて、予想もしなかったような事態が生じることもあります。

法律は完全無欠だと思ってはいけません。欠けている部分がいっぱいあるのです。

1つケースをみておきましょう。

【ケース8】

80歳のXは、数年前から認知症が進行し、現在では日常生活を送るのにも支障をきたすようになっていた。ところが、Xは、しばしば訪ねてくる福祉団体Yの相談員の誘いに応じて、Xの全財産をYに寄付する旨の契約書にサインしてしまった。その後、このことに気づいたXの子Aは、どのような法的手段をとることができるか。

相談員がXをだましたかどうかはともかくとして、Xは自分のしていることの意味がわかっていないと考えるのが自然です。こんな契約は無効だと思うでしょう。

ところが、これまでの民法の条文を端から端まで読んでも、このような契約を無効だと定めた条文はありませんでした。そんな馬鹿なと思うかもしれませんが、本当です。

しかし、契約が契約として認められるのは、それをしようとする「意思」がそこにあるからです。自分がしていることの法的な意味すら理解できないのに、「意思」があるとはいえません。したがって、契約が有効となるには、そうした「意思」があると認められるだけの能力を持たなければならない。逆にいうと、そのような能力を持たない者が契約をしても、無効である。そうした能力のことを、**意思能力**といいます。

これは、たしかにこれまでは民法のどこにも定められていませんでしたが、民法の基本原則として、判例・学説により、一般に認められてきました。

このように、条文にはないけれども、これもまた民法の一部だといえるようなものは、けっして少なくありません。その意味でも、六法全書だけでは、こころもとないのです。

なお、この意思能力については、今回の改正で、民法の中に明文で定められることになりました(改正法3条の2)。この点は、あとでまたご紹介します。

3 判例と学説の役割

このように、法律の条文があっても、その意味をどのように解釈するか。また、条文がないときに、その部分をどう補うか。これがカギであることは、おわかりいただけたでしょう。

このような法律の解釈と補充を支えているのが、**判例と学説**です。

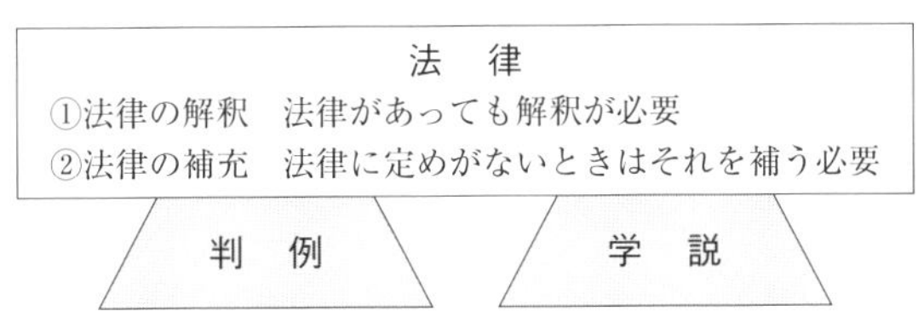

(1)判例の役割

まず、**判例の役割**からみていきましょう。

法律の解釈について、どのような意見を持つことも自由です。しかし、いくら自由でも、まわりの人間に認めてもらえなければ意味がありません。しかも、法律について特に重要なのは、法律の専門家たちの集団が存在するということです。これらの法律家の集団に納得され、受け入れられないかぎり、どんな意見をいっても通用しません。

この「**法律家集団で通用する解釈**」の最強のものが、裁判所が示した解釈です。これが、いわゆる**判例**です。

どんな立派な意見でも、裁判所で通らなければ、実際の事件では勝てません。つまり、不利益を受けるわけです。したがって、裁判所がどのような解釈を示しているかということは、法律家である以上、かならず押さえておく必要があります。

では、その「判例」というのは、どのようなものでしょうか。そんなものは、裁判所の判決をみればわかると思われるかもしれません。しかし、これは、そう簡単ではありません。

実際の裁判では、具体的な事件ごとに、どちらの当事者を勝たせるかという判断が下されます。そこでは、具体的にどのような事実があったかということが、証拠調べを経て確定されます。そして、その事実を前提として、当事者の主張に応接しながら、本件ではどうすべきかということが判断されます。

しかし、「判例」というからには、同じようなケースが生じれば、今後それにしたがって処理されるというようなものでなければなりません。その意味で、これは、**後の裁判を拘束する規範**としての性格を持ちます。

では、どのような部分が後の裁判を拘束するような意味を持つのか。**個々の裁判例から、そうした後の裁判を拘束するポイントを抜き出してルールのかたちで書き直したもの**。それが「判例」です。

イメージをつかんでいただくために、ケースで考えてみましょう。

【ケース 9】

Y(大阪アルカリ株式会社)は、大阪の安治(あじ)川河口付近に化学工場を建て、硫酸の製造等をおこなっていた。ところが、工場の煙突から排出される亜硫酸ガス等のため、近隣で農業を営んでいたXらは、農作物の収穫が減少したとして、Yに損害の賠償を求めた。

ここでも、Yが責任を負うかどうかについて定めているのは、先ほどと同じく、民法709条です。問題は、Yに過失があるといえるかです。

これは、大正時代のケースなのですが、大阪控訴院(現在の大阪高裁)は、Yは、被害の発生を知らなかったはずはないし、知らなかったとすれば調査研究をおこたったという過失があるとしました。実は、当時、日本国内では、亜硫酸ガスが飛び散るのを防ぐ手段は知られていなかったようなのですが、ドイツの最新鋭の装置を使えば、防ぐことができたという事情があったようです。

これに対して、大審院(現在の最高裁)は、Yのような化学工業に従事する会社は、損害を予防するために「**相当な設備**」をほどこしていれば、責任を負わないとしました。そして、Yが「相当な設備」をほどこしていたかどうか、もう一度審理をし直せということで、大阪控訴院に差し戻しました(大判大正5年

12 月 22 日民録 22 輯 2474 頁)。

ちなみに、大阪控訴院では、もう一度審理した結果、やはりＹは「相当な設備」をほどこしていないとして、敗訴させました。なかなか気骨があります。

このように、この事件の結論はともかく、そしてまた、化学工場か、亜硫酸ガスか、農作物の被害かといったこの事件の事実にかかわりなく、大審院の示した裁判の中には、「事業から生ずるかもしれない損害を予防するために**その事業の性質にしたがい相当な設備をほどこした**以上、他人に損害をこうむらせても、**過失がない**」というルールを読み取ることができます。これが、その後の裁判所の判断を拘束する「判例」にあたります。

(2)学説の役割

このような判例のほか、**学説**もまた、重要な役割を果たしています。もちろん、学説は、学者という私人によって主張されるものです。しかし、実は、学説なくして、判例はおろか、法律の条文も成り立ちません。

第１に、**何が「判例」か**ということは、**学説の手助けがなければ確定できません**。先ほど述べたように、個々の裁判例の中でも、後の裁判を拘束するにあたいする部分を抽出しなければなりません。複雑なケースでは、これ自体、議論の余地のある問題です。

さらに、関連するさまざまな裁判例を相互に矛盾しないように説明することも必要です。一見矛盾するようなものも、場合分けをすることによって整合性を持つように調整しなければなりません。

その意味で、学説の貢献なくして「判例」は成り立たないということができます。

もっとも、これだけだと、要するに「判例」に追従すればよいのかという疑問をいだく向きもあるでしょう。誰にも表現の自由があり、学問の自由があります。**判例を批判し、あるべき解釈・解決を提言する**のも、当然、自由です。まさにその自由を行使するのが、学説のもう１つの側面です。

さらに、まだ**判例にあらわれていない問題**もあります。それをいち早くみつけだし、それに対して一定の**解決提案**をおこなうことも、学説の仕事です。

もちろん、それはあくまでも１つの提案であって、法律や判例のような意味は持たないかもしれません。しかし、そうした提案をもとにして、議論がおこ

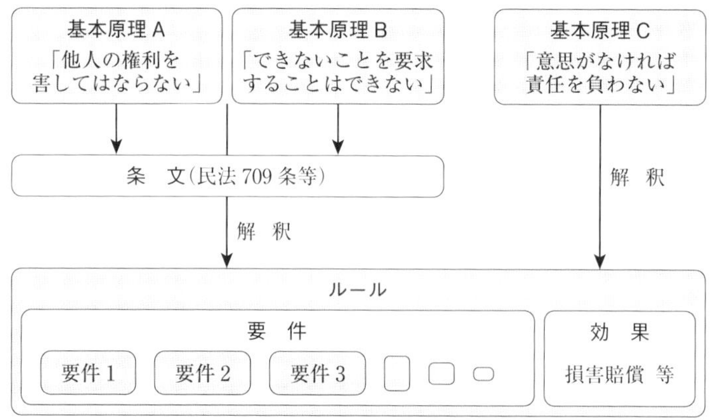

なわれ、法律家集団の中で一定のコンセンサスができることもあります。そうなれば、それは法律家集団の中で「通用」するわけです。

学説のもう 1 つの重要な役割は、**法律の基礎にある基本思想や基本原理を確定して、それを体系化する**という仕事です。といっても、これは、法律の解釈がどのようにおこなわれるのかということがわからないと、理解できないでしょう。

皆さんは、先ほどいくつか紹介したような法律の条文が「法」だと思っておられるかもしれません。しかし、正確にいうと、少し違います。条文は、テキスト(書かれた文章)にすぎません。法や法律、つまりルールは、そのようなテキストで書きあらわそうとしたもののことです。つまり、テキストである条文を手がかりとして、それで書きあらわそうとされているルールを確定するわけです。これが、解釈です。

問題は、この解釈をどのようにおこなうかです。それは、**この条文がどのような考え方によって作られたか**ということを手がかりとしておこなわれます。この条文のもとになった基本的な考え方のことを、**原理**や**原則**といいます。たとえば、「他人の権利を害してはならない」、「できないことを要求することはできない」。このような抽象的な基本原理から、この条文が作られているとしますと、この条文に書かれていることの意味は、この基本原理をよりよく実現することができるように確定する必要があります。たとえば、「過失」という言葉の意味は、「できないことを要求することはできない」から、結果を回避する手段がないときは、過失があるということはできないというような解釈が導かれるわけです。

そして、**条文がない場合**でも、民法の基礎にあると考えられる基本原理、たとえば、「意思がなければ責任を負わない」という基本原理から、契約の意味もわからない場合は、契約をしても無効とするというルールを導くということがおこなわれるわけです。

では、民法は、どのような基本思想や原理を前提としてできあがっているか。これを抽出し、確定することが、学説の仕事です。さらに、それらのさまざまな基本思想や原理が相互にどのような関係に立つか。具体的な条文がそれらの基本思想や原理とどのようにかかわっているか。その体系化こそが、学としての民法学の最大の課題です。

これをおこなうためには、民法の歴史を調べたり、外国の民法との比較をおこなったりすることも必要になってきます。そうした作業を通じて、**民法の基礎にある基本思想や原理を体系化**し、**それに即して個々の条文や判例を整理**する。そして、さらに自分の意見として、**あらたな解決を提言**する。それが、学説のもっとも重要な役割にほかなりません。

4 日本民法の特徴

以上のように、法律の解釈や判例・学説の役割を説明してきたのは、なぜ日本の民法が120年間も大きな改正をせずに持ちこたえてきたかという理由を理解していただくためでした。

先ほども説明しましたように、日本の民法は、120年前に作られた当時の最先端の民法でした。当時の先進国の成果を凝縮したものだったといえます。そうした**もともとの質の高さ**が、今日まで持ちこたえてきた根源にあります。

それに加えて、日本の民法典は、**条文の数が少ない**という特徴を持っています。たしかに千条を超えていますが、フランス民法やドイツ民法と比べると半分程度です。これは、民法典を作るときの方針として、**基本ルールを整備**し、細かな規定にわたらないようにするという方針がとられたためです。

さらに、規定の仕方についても、**抽象的でシンプルな内容**とされています。

これは、その分、**解釈の余地が大きい**ことを意味します。

民法の起草者は、西欧の細かな条文をそのまま持ってきても、日本の社会にうまくあわないだろうと考えていました。これは、たしかに慧眼でして、このような規定の仕方がとられたために、解釈・補充を通じて、社会・経済の変化に柔軟に対応することができました。それが、120 年間持ちこたえてきた理由だということができます。

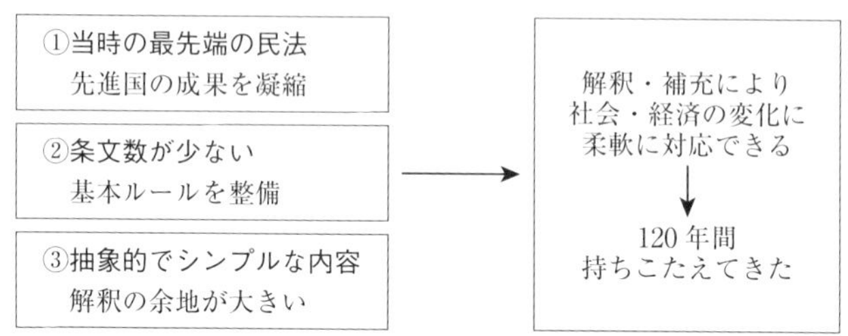

Ⅳ. 民法改正の経緯

これでようやく、民法改正の話をはじめるための入口にたどりつきました。

1．1990年代から現在――改革の時代

1990年代に入ってから、というのは、ちょうどバブルが崩壊してから後は、状況が大きく変化してきました。社会・経済の変化が一段と加速してきて、立法による対応が避けられなくなってきたわけです。まさしく**改革の時代**。民事立法もその例外ではありません。というよりも、改革の中心の1つだったというべきでしょう。

表にあげたように、たくさんの特別法が制定されたり、改正されたりしているほか、民法についても、成年後見制度や担保法、法人法など、改正の手がおよんできています。今回の民法改正も、この延長線上にあります。

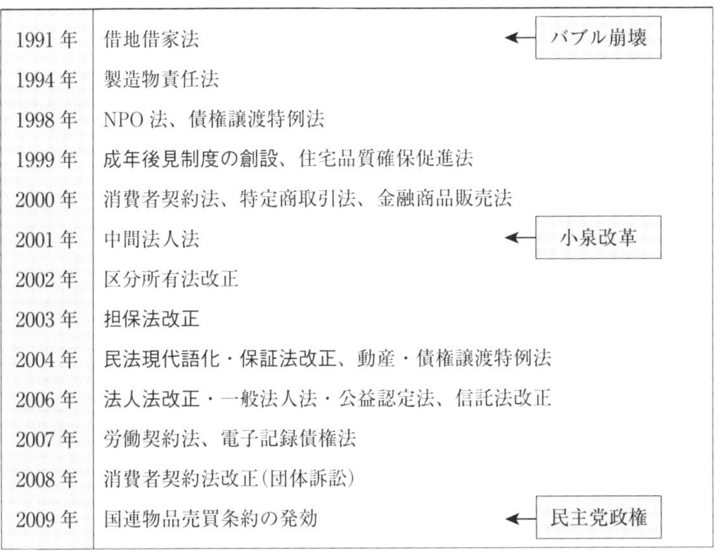

1991年	借地借家法	← バブル崩壊
1994年	製造物責任法	
1998年	NPO法、債権譲渡特例法	
1999年	成年後見制度の創設、住宅品質確保促進法	
2000年	消費者契約法、特定商取引法、金融商品販売法	
2001年	中間法人法	← 小泉改革
2002年	区分所有法改正	
2003年	担保法改正	
2004年	民法現代語化・保証法改正、動産・債権譲渡特例法	
2006年	法人法改正・一般法人法・公益認定法、信託法改正	
2007年	労働契約法、電子記録債権法	
2008年	消費者契約法改正(団体訴訟)	
2009年	国連物品売買条約の発効	← 民主党政権

2．「民法改正」の背景――社会からの要請

では、何が民法の見直しをうながすことになったのでしょうか。民法の見直しをうながすことになった**社会からの要請**は、3つに整理することができます。

[1] 経済の活性化

第1は、バブル崩壊後に疲弊しきった**日本の経済を活性化させる**という要請です。これは、さらに3つのポイントからなります。

1つめは、**経済破綻に対応**できるような民法にする必要性です。バブルが崩壊してから、債務を支払えない者が続出しました。そのため、債権の取立てや担保に関する問題がたくさん出てきました。そうした債権の回収・保全・担保、さらに倒産法制を改正することが大きな課題となりました。

2つめは、**経済的なインフラを整備**する必要です。特に、経済活動を活性化させるためには、資金を市場から調達する手段を開発して、整備する必要があります。さらに、資金の移動や決済方法も安全かつ効率的に処理できるようにする必要があります。そこで、債権の処分や決済、さらにはそれを可能にする団体制度を整備することが求められるようになりました。

3つめは、**市場ルールの整備**です。市場取引では、合理的な計算可能性、つまり明確性と迅速性を確保することが不可欠です。さらに、公正な取引ルールを徹底することも必要です。そのため、契約制度をこうした観点から見直す必

経済の活性化 ①経済破綻への対応 ②経済的インフラの整備 ③市場ルールの整備	①バブルの崩壊後、支払困難が続出 債権の取立て・担保に関する問題が多発 ➔ 債権回収・保全・担保　倒産法制の改正
	②市場から資金を調達する手段の開発・整備 資金の移動・決済方法の整備 ➔ 債権の処分・決済　団体制度の整備
	③合理的計算可能性＝明確性・迅速性の確保 公正な取引ルールの徹底 ➔ 契約制度の改正　時効制度の改正

要が出てきましたし、迅速性という点では、時効制度の改正も求められることになりました。

2 社会の歪みの是正

社会からの要請の第2は、**社会の歪みを是正する必要性**です。

まず、**格差**の問題が深刻です。契約に関していいますと、事業者と消費者の間の情報・交渉力の格差が大きな問題です。バブル以降、悪徳商法・投資被害が多発しました。さらに、欠陥商品や製品による被害もたくさんあります。ただ、消費者を何か子供のように保護してあげればよいかというと、そうではありません。むしろ、消費者が自分で選んで決められるように支援していくことこそが必要だと考えられるようになりました。

こうした観点から、消費者契約法や製造物責任法などが制定され、さらに改正されたりしてきています。

もう1つは、**高齢化社会への対処**です。認知症をはじめとして、十分な判断能力が欠ける人がふえてきました。しかし、他方で、その人ができることを最大限尊重する。その意味でのノーマライゼーションの考え方も浸透してきました。こうした観点からおこなわれたのが、成年後見制度の導入です。

社会の歪みの是正 ①格差の是正 ②高齢化社会への対処	①事業者と消費者の情報・交渉力格差 悪徳商法・投資被害の多発 欠陥商品・製品による被害の多発 消費者の選択・決定の支援 ➔ 消費者契約法・製造物責任法等の制定・改正
	②十分な判断能力が欠ける人の増加 ノーマライゼーションの要請 ＝その人ができることを最大限尊重 ➔ 成年後見制度の導入

3 グローバル化

社会からの要請の第3は、**グローバル化**です。

グローバル化が進んで、かつての国と国との「貿易」から「国境にとらわれない取引」へと急速に変化してきました。このような時代では、取引をする場所によって法がわからないと危ないですし、法が違うとコストが高くつきます。

そこで、外からみてわかるように、法を**透明化**する。どこでも同じようにするために、法を**平準化**する必要が出てきます。

さらに、国際取引では、適用される法律を選ぶことができます。もし日本法に魅力がありませんと、他の国の法律が選ばれてしまいます。それは、日本の企業にとっても、問題でしょう。そうならないようにするためには、日本の法律も**グローバル・スタンダード**にあわせる必要が出てきます。

グローバル化
①法の透明化・平準化
②日本法の魅力の向上

①「貿易」から「国境にとらわれない取引」へ
取引をする「場所」によって法がわからないと危ない
法が違うとコストが高くつく
→ 法の透明化＝外からみてわかるように
法の平準化＝どこでも同じように

②国際取引では適用される法律を選べる
日本法に魅力がないと、他の国の法律が選ばれてしまう
→ グローバル・スタンダードにあわせる必要

4 民法の「現代化」の必要性

これらの社会からの要請に応えるために、先ほど述べたように、この 20 年近く、民法の一部の改正や特別法で対処してきました。

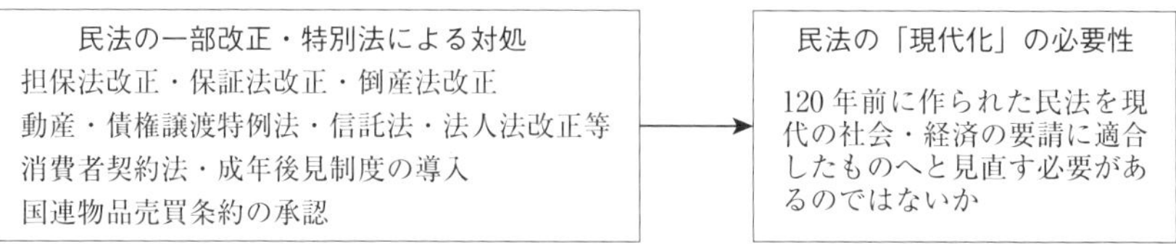

民法の一部改正・特別法による対処
担保法改正・保証法改正・倒産法改正
動産・債権譲渡特例法・信託法・法人法改正等
消費者契約法・成年後見制度の導入
国連物品売買条約の承認
民法の「現代化」の必要性
120 年前に作られた民法を現代の社会・経済の要請に適合したものへと見直す必要があるのではないか

しかし、そのような対処ではどうしても限界があります。大もとの基本法である**民法を「現代化」**する。つまり、120 年前に作られた民法を現代の社会・経済の要請に適合したものへと見直す必要がある。その時が来ているのではないかということが意識されるようになりました。これが、民法改正の背景です。

3．民法改正のプロセス

では、具体的に、民法改正はどのようにおこなわれたのでしょうか。

① 立法の仕組み

その前提として、**立法の仕組み**を説明しておきます。

まず、国会で法律を決めて、それを**公布**し、**施行**する。施行するというのは、実際に適用するということです。このようなプロセスをたどることは、おわかりでしょう。

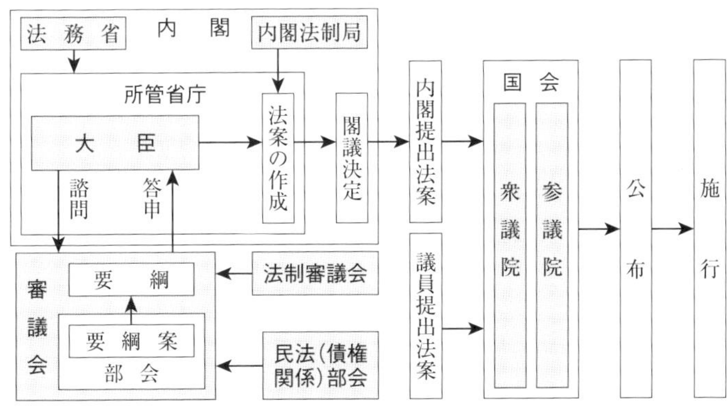

法律の案は、2つの提出の仕方があります。1つは、国会議員が作って提出するもの。もう1つは、内閣が作って提出するものです。

このうち、**内閣提出法案**は、内閣の大臣たちの会議、つまり**閣議**で決定して提出します。

ただ、法案を作成するのは、それぞれの法律を**所管する省庁**です。民法だと法務省です。法案を作るときは、さらに内閣法制局によってチェックを受けます。

所管省庁が法案を作成する場合、むずかしいものや専門性が高いものについては、大臣が**審議会**に諮問(しもん)をして、その答申を受けて法案を作成します。

審議会は、諮問を受けますと、審議をして、**要綱**を作成し、答申します。

ただ、審議会では、問題となる法案に対応する**部会**を作って、実際の審議をしてもらう。そこで**要綱案**を作り、審議会の総会でそれを追認して要綱にして答申する。こういう仕組みがとられる場合があります。

今回の民法の改正は、このパターンでして、審議会にあたるのが**法制審議会**、部会にあたるのが、**民法(債権関係)部会**です。ちなみに、私は、この部会のメンバーでした。

2 法制審議会における審議

そうすると、法制審議会には、法務大臣から諮問があったということになります。それが、2009年10月に出された**諮問第88号**です。

2009年10月　法制審議会への諮問(第88号)
民事基本法典である民法のうち債権関係の規定について、同法制定以来の社会・経済の変化への対応を図り、国民一般に分かりやすいものとする等の観点から、国民の日常生活や経済活動にかかわりの深い契約に関する規定を中心に見直しを行う必要があると思われるので、その要綱を示されたい。

改正の目的
①民法の現代化＝社会・経済の変化への対応 ②民法の透明化＝国民一般に分かりやすいものとする

ここからもわかりますように、今回の民法改正に求められていたのは、第1に、「制定以来の社会・経済の変化への対応を図」ること、その意味での**民法の現代化**。そして第2に、「国民一般に分かりやすいものとする」こと、その意味での**民法の透明化**だったということができます。

この諮問を受けて、2009年11月に**法制審議会**に、**民法(債権関係)部会**が設置されました。メンバーの構成は、次頁の表にまとめたとおりです。研究者が18人と突出して多いのは、民法が社会・経済の基本法で、学問的な蓄積の上に成り立っている法律であることを反映しています。

この法制審議会は、2009年11月にスタートしてから5年あまりにわたって、合計99回の会議、18回の分科会での審議を経て、2015年2月に要綱が決定されました。審議会は、毎回、13時から18時まで、途中に15分休憩があるだけのなかなかハードなものでした。分科会を入れると合計550時間ぐらいでし

2009年11月	法制審議会民法（債権関係）部会の設置 法務省（6）　内閣法制局（1）　裁判所（4）　弁護士（4） 研究者（18）　経済界（3）　労働団体（1）　消費者（1） 合計99回の部会　18回の分科会
2011年　4月	中間的な論点整理（項目数500超）——➤　パブリックコメント
2013年　2月	中間試案（項目数260）——➤　パブリックコメント
2014年　8月	要綱仮案　「定型約款」は保留
2015年　2月10日	要綱案の決定（項目数約200）
2015年　2月24日	要綱の決定（法制審議会総会）——➤　答申
2015年　3月31日	閣議決定
2016年11月	国会で審議開始
2017年　4月14日 5月26日 6月　2日	衆議院で可決 参議院で可決・成立 公布（法律第44号）

ょうか。検討された項目数は、中間的な論点整理の段階では500を超えていたのですが、最終的には約200に絞り込まれました。しかし、それでも相当な分量であることがわかります。これらの審議の際の資料や議事録は、すべて法務省のウェブサイトで公表されていますので、自由にみることができます（http://www.moj.go.jp/shingi1/shingikai_saiken.html）。ご覧いただければわかりますが、ものすごい量です。

この要綱をもとに**民法の一部を改正する法律案**が作成されて、2015年3月31日に、**閣議決定**がされました。ところが、国会では、他の案件が優先されて、なかなか審議がはじまらず、ようやく2016年秋の臨時国会から審議が開始されました。その後、2017年の通常国会で審議が進められ、2017年4月14日に衆議院で可決、5月26日に参議院で可決・成立し、6月2日に**法律第44号として公布**されました。施行日は、一部の規定を除いて、2020年4月1日とされています。

V．改正民法の特徴

それでは、このようにして行われた**民法の改正**とは、どのようなものでしょうか。

個々の規定がどのような意味で「改正」されたかということは、巻末の「付録」に一覧表のかたちで示しておきました。よくみると、検討の結果、現在の規定がそのまま**維持**されている場合も少なくありません。また、「改正」はされたけれども、それは現在の規定のもとで解釈によって認められてきたもの――これらを含めて広い意味での「**現行民法**」と呼んでおきます――を**確認**したり、**補充**したりしているだけの場合もあります。しかし、もちろん、現行民法を**変更**するために、規定を修正したり、補充したり、新しく作ったりしている場合もあります。

そのすべてをここで紹介することはできません。重要なのは、そうした改正が全体としてどのような**特徴**を持っているかということです。今回の改正が**何を目指し**、それを**どう実現したか**。代表的な例をあげながら、説明することにしたいと思います。

1．民法の透明化

先ほど紹介した諮問第88号によりますと、改正の目的は、2つありました。まず、**民法の透明化**の方からみていきましょう。

これは、民法を「**国民一般に分かりやすいものとする**」ということでした。しかし、そもそも「国民一般に分かりやすいものにする」とは、どういうことでしょうか。

すぐに思いつくのは、**理解しづらい規定をわかりやすく改める**ことです。たとえば、法律に使われている用語をわかりやすくしたり、理解しづらい書き方がされている規定を整理して書き改めたりすることが考えられます。今回の改正でも、このような工夫がされています。しかし、それだけではありません。さらに、次の2つのことも目指されています。

1つは、民法にはっきりと書かれていないけれども前提にされている**基本原**

則を明文化することです。もう１つは、現行民法の解釈として**判例・学説上確立しているルールを明文化する**ことです。いずれも、民法の条文をみるだけではわからないルールを民法の中にはっきりと定めて、民法をみればわかるようにしようというものです。

民法の透明化
- 規定の明確化
- 書かれざる基本原則の明文化
- 判例・学説上確立したルールの明文化

以下では、こうした目的がどのように実現されているかということを、具体例をあげながらみていくことにしましょう。

1 規定の明確化

まず、**理解しづらい規定をわかりやすく改めている例**を紹介しておきましょう。

(1) 理解しづらい用語の明確化

すぐに思い浮かぶのは、法律の素人にはなじみのない**法律独特の用語をわかりやすくする**ことでしょう。

(a)「債権の準占有者」から「受領権者としての外観を有する者」へ

たとえば、旧478条は、「債権の準占有者に対する弁済」について定めています。しかし、「**債権の準占有者**」といわれても、法律の専門家でなければ、何を意味するか、よくわからないでしょう。ケース10のCのような者がこれにあたります。

【ケース10】

Aは、B銀行の普通預金口座に、100万円を預金していた。ところが、Aの息子Cは、ギャンブルのせいでお金に困っていたことから、勝手にA名義の預金通帳と印鑑を持ち出し、Aになりすまして、B銀行から預金100万円全額を引き下ろした。その後、事態に気づいたAは、B銀行に対して、預金の引下しはCが無断でしたことだとして、あらためて預金100万円の払戻しを求めた。

B 銀行に預金をしているのは A ですので、その預金を払い戻してもらう権利（このような権利は「債権」にあたります。）を持っているのは A です。C は、そのような債権を持っていません。しかし、B 銀行からみますと、C は、A 名義の預金通帳と印鑑を持って来て、自分は A だといっているわけですので、いかにも A のようにみえます。これが「債権の準占有者」といわれるものです。旧 478 条は、このような C に預金を払い戻した（これを「弁済」といいます。）場合は、本当は A——預金を払い戻してもらう権利を持つ者——でないことを知らなかったし（これが「善意」の意味です。）、知らなかったことに過失がなかったときは、その払戻しは有効である——B 銀行は A に預金を払い戻す必要はなくなる——ことを定めた規定です。

旧　法	改 正 法
478 条（債権の準占有者に対する弁済） 債権の準占有者に対してした弁済は、その弁済をした者が善意であり、かつ、過失がなかったときに限り、その効力を有する。	**478 条（受領権者としての外観を有する者に対する弁済）** 受領権者（債権者及び法令の規定又は当事者の意思表示によって弁済を受領する権限を付与された第三者をいう。以下同じ。）以外の者であって取引上の社会通念に照らして受領権者と認められる外観を有するものに対してした弁済は、その弁済をした者が善意であり、かつ、過失がなかったときに限り、その効力を有する。

改正法 478 条では、この「債権の準占有者」を「**受領権者**」——これは「債権者及び法令の規定又は当事者の意思表示によって弁済を受領する権限を付与された第三者」をいうとされます——「**以外の者**」であって、「**取引上の社会通念に照らして受領権者と認められる外観を有するもの**」と書き改めています。まだまだ硬い書き方ではありますが、少なくとも「債権の準占有者」よりは、その意味がわかるようになっているといってよいでしょう。

(b)「**瑕疵**」から「**契約不適合**」へ

また、旧 570 条は、売主の「瑕疵担保責任（かしたんぽせきにん）」について定めています。「**瑕疵**（かし）」とは、どちらもキズという意味の漢字です。たとえば、ケース 11 のように、購入した自動車のエンジンに欠陥があるような場合がこれにあたります。

【ケース 11】
Aは、自分の所有する中古自動車甲をBに100万円で売却した。ところが、Bが甲の引渡しを受けてから1ヶ月後になって、甲の調子が思わしくないので、Bが自動車整備工場で甲をみてもらったところ、甲は、エンジンに欠陥があることがわかった。

旧　法	改 正 法
570条(売主の瑕疵担保責任) 売買の目的物に隠れた瑕疵があったときは、第566条の規定を準用する。ただし、強制競売の場合は、この限りでない。	**562条(買主の追完請求権)** 引き渡された目的物が種類、品質又は数量に関して契約の内容に適合しないものであるときは、買主は、売主に対し、目的物の修補、代替物の引渡し又は不足分の引渡しによる履行の追完を請求することができる。ただし、売主は、買主に不相当な負担を課するものでないときは、買主が請求した方法と異なる方法による履行の追完をすることができる。 (略)

改正法では、この「瑕疵」という用語はそもそも使わないこととされています。改正法562条では、「**種類、品質又は数量に関して契約の内容に適合しない**」こととされています。これは、用語を変えただけでなく、売主の責任に関する考え方も改めたという意味を持つのですが、この点については後でもう一度説明することにしたいと思います。

以上が、法律の素人にはなじみのない用語をわかりやすく書き換えた例ですが、実は、このような例はごくわずかにとどまっています。法律用語は、意味がはっきりしていませんと、解釈がバラバラになり、法律で定めた意味がなくなってしまいます。すでに意味が確立している法律用語を変えると、無用の混乱が生じるかもしれません。「国民一般にわかりやすいものにする」という観点からは不十分かもしれませんが、仕方がなかったというところもあります。

(2)理解しづらい書き方の明確化

これに対して、**理解しづらい書き方がされている規定をわかりやすく整理して書き改めている例**はたくさんあります。

理解しづらくなっている原因の代表的なものは、次の2つです。1つは、たくさんのことが1つの条文に詰め込まれているために、**書かれていることの相互関係がわかりにくくなっている場合**です。もう1つは、前提となっていることを書かずに、直接必要なことだけを書いているために、よく考えないと、**前提とされていることがわからない場合**です。

(a)**無権代理人の責任**

たとえば、**無権代理人の責任**に関する117条をみてみましょう。**無権代理人**というのは、他人を代理する権限がないのにその他人を代理して契約をする者のことです。ケース12のCがこれにあたります。

【ケース12】
Cは、父親Aに無断で、Aの代理人と称して、Aが所有する土地甲をBに5000万円で売却するという契約をした。

旧法	改正法
117条(無権代理人の責任) 他人の代理人として契約をした者は、自己の代理権を証明することができず、かつ、本人の追認を得ることができなかったときは、相手方の選択に従い、相手方に対して履行又は損害賠償の責任を負う。 2　前項の規定は、他人の代理人として契約をした者が代理権を有しないことを相手方が知っていたとき、若しくは過失によって知らなかったとき、又は他人の代理人として契約をした者が行為能力を有しなかったときは、適用しない。	117条(無権代理人の責任) 他人の代理人として契約をした者は、自己の代理権を証明したとき、又は本人の追認を得たときを除き、相手方の選択に従い、相手方に対して履行又は損害賠償の責任を負う。 2　前項の規定は、次に掲げる場合には、適用しない。 一　他人の代理人として契約をした者が代理権を有しないことを相手方が知っていたとき。 二　他人の代理人として契約をした者が代理権を有しないことを相手方が過失によって知らなかったとき。ただし、他人の代理人として契約をした者が自己に代理権がないことを知っていたときは、この限りでない。 三　他人の代理人として契約をした者が行為能力の制限を受けていたとき。

旧117条1項は、このような無権代理人は、「自己の代理権を証明することができず」、かつ、「本人の追認を得ることができなかったとき」は、相手方(ケース12でいうとB)の選択にしたがい、相手方に対して履行——土地甲を引き渡す——又は損害賠償の責任——甲を引き渡せないことによってBに生じ

る損害を賠償する責任――を負うとしています。これは、**原則**として、無権代理人はこのような責任を負うけれども、その**例外**として、自分に代理権があることが証明できたり、本人から追認があったりしたときは、責任を負わないという意味だと考えられます。改正法117条1項は、このことをはっきりさせるために、「自己の代理権を証明したとき、又は本人の追認を得たときを除き」と書き改めています。

また、旧117条2項は、①「他人の代理人として契約をした者が代理権を有しないことを相手方が知っていたとき」、もしくは②「過失によって知らなかったとき」、又は③「他人の代理人として契約をした者が行為能力を有しなかったとき」は、1項の規定は適用しない――つまり無権代理人は1項の責任を負わない――と定めています。しかし、これを一文で書いているために、読みにくくなっています。改正法117条2項は、これを**1号から3号までに書き分ける**ことによって、規定の構造をわかりやすく示すこととしています。

このように改めることで、2号について、無権代理人が代理権を有しないことを相手方が過失によって知らなかったとき――Cに代理権がないことをBは知らなかったけれども、Cの言動があやしかったりするなど、気をつければCに代理権がないことがわかったとき――は、1項の規定は適用しないけれども、無権代理人が「自己に代理権がないことを知っていたとき」――CがAから代理権を与えられていないことがわかっていながらAに無断でAを代理する行為をした場合――は、例外的に1項の規定を適用する、つまり無権代理人が1項の責任を負うと定めることが可能になっています。というよりも、このような例外を書きあらわすために、1号から3号に整理する必要があったとみるべきでしょう。

以上は、たくさんのことが1つの条文に詰め込まれているのを整理して、書かれていることの相互関係をわかりやすくした例です。このような例は、ほかにもたくさんあります。

(b)**組合における業務の決定及び執行の方法**

もう1つの例は、**組合における業務の決定及び執行の方法**に関する規定です。これは、次のようなケースで問題となります。

【ケース 13】
　建設会社 A1・A2・A3 は、B からビル甲の建設を請け負う際に、甲の建設工事を共同しておこなうために建設工事共同企業体 A を結成した。その際、A1 が建設工事費用の 40%、A2 と A3 が各 30% を出資するものとされた。
①A 企業体の業務の進め方について、特に定めていなかった場合
②A 企業体の業務について、A1 を代表者とし、出資金の管理、B に対する請負代金の請求と受領、建設工事の実施計画の策定とその遂行に関する事務は、A1 がおこなうこととされていた場合

この建設工事共同企業体 A のように、各人(A1・A2・A3)が出資をして、ビル甲の建設という「共同の事業」を営むことを約束する契約を、**組合契約**といいます(667 条 1 項)。問題は、この「共同の事業」を実際にどのようにおこなうかです。

旧　法	改 正 法
670 条(業務の執行の方法) 組合の業務の執行は、組合員の過半数で決する。 2　前項の業務の執行は、組合契約でこれを委任した者(次項において「業務執行者」という。)が数人あるときは、その過半数で決する。 3　組合の常務は、前二項の規定にかかわらず、各組合員又は各業務執行者が単独で行うことができる。ただし、その完了前に他の組合員又は業務執行者が異議を述べたときは、この限りでない。	**670 条(業務の決定及び執行の方法)** 組合の業務は、組合員の過半数をもって決定し、各組合員がこれを執行する。 2　組合の業務の決定及び執行は、組合契約の定めるところにより、一人又は数人の組合員又は第三者に委任することができる。 3　前項の委任を受けた者(以下「業務執行者」という。)は、組合の業務を決定し、これを執行する。この場合において、業務執行者が数人あるときは、組合の業務は、業務執行者の過半数をもって決定し、各業務執行者がこれを執行する。 4　前項の規定にかかわらず、組合の業務については、総組合員の同意によって決定し、又は総組合員が執行することを妨げない。 5　組合の常務は、前各項の規定にかかわらず、各組合員又は各業務執行者が単独で行うことができる。ただし、その完了前に他の組合員又は業務執行者が異議を述べたときは、この限りでない。

旧 670 条は、このような「**業務の執行の方法**」について規定していました。

その１項によると、「組合の業務の執行は、組合員の過半数で決する」と定められています。「組合員の過半数」ということですから、組合員が３人いるならば、２人以上の多数決で決めなさいということです。

もっとも、「執行」という言葉は、すでに方針が決まっていることを前提として、その方針にしたがって実際におこなうという意味あいをもちます。方針が決まっているのであれば、それにしたがって実際におこなうことをいちいち多数決で決める必要はないでしょう。そうすると、この旧670条は、むしろ方針は多数決で決めなさいということを定めているとみる方が自然です。

そこで、改正法670条１項は、「**決定**」と「**執行**」を明確に分けて定めることとし、「決定」は多数決によらなければならないけれども、「執行」は各組合員がしてよいとしています。これによると、ケース13の①の場合では、たとえば建設工事の実施計画の「決定」は、A1・A2・A3の多数決によらなければならないけれども、そのようにして「決定」がされれば、それにしたがって建設工事を遂行するという「執行」は、A1・A2・A3がそれぞれしてよいことになります。

さらに、旧670条２項は、この「業務の執行」は、「組合契約でこれを委任した者」――これを**業務執行者**といいます――が「数人あるとき」は、「その過半数で決する」と定めていました。ここでも「執行」というのは、「決定」のこととみるべきでしょう。しかし、この規定は、業務執行者が「数人あるとき」について定めているだけで、ケース13の②の場合のように、業務執行者が１人(A1)のときはどうかということを書いていません。そもそも、業務の執行を別の人に委任することができるということも当然の前提としていて、はっきりと書いていません。当然のことはもう書かずに、当然でないことだけを書いているわけです。非常に不親切というべきでしょう。

改正法670条２項は、まず、組合の業務の「決定及び執行」は、「組合契約の定めるところにより、**一人又は数人の組合員又は第三者に委任することができる**」と定め、次の３項の前半で、この業務執行者は、「**組合の業務を決定し、これを執行する**」と定めて、これまで当然の前提とされてきたことをはっきりと書くこととしています。その上で、３項の後半で、業務執行者が数人あるときは、**業務の決定**は業務執行者の多数決によるけれども、**執行**は各業務執行者がおこなうと定めています。

これで、この規定は、非常にすっきりと理解することができるようになったといってよいでしょう。このような例は、ほかにもたくさんあります。

2 基本原則の明文化——契約の自由

民法の透明化の２つめは、民法にはっきりと書かれていないけれども前提にされている**基本原則を明文化**するというものです。その代表例は、**契約に関する基本原則**を明文化したものです。

旧法	改正法
	521条(契約の締結及び内容の自由) 何人も、法令に特別の定めがある場合を除き、契約をするかどうかを自由に決定することができる。 2 契約の当事者は、法令の制限内において、契約の内容を自由に決定することができる。
	522条(契約の成立と方式) 契約は、契約の内容を示してその締結を申し入れる意思表示(以下「申込み」という。)に対して相手方が承諾をしたときに成立する。 2 契約の成立には、法令に特別の定めがある場合を除き、書面の作成その他の方式を具備することを要しない。

まず、改正法521条は、１項で、「何人も、法令に特別の定めがある場合を除き、契約をするかどうかを自由に決定することができる」と定め、２項で、「契約の当事者は、法令の制限内において、契約の内容を自由に決定することができる」と定めています。これは、**契約の締結の自由**と**内容(形成)の自由**を明文化したものです。

また、改正法522条は、１項で、「契約は、契約の内容を示してその締結を申し入れる意思表示」——つまり申込み——「に対して相手方が承諾したときに成立する」と定めています。これは、契約は、**申込みと承諾が合致したときに成立する**という契約の成立の基本原則を定めたものです。また、２項では、「契約の成立には、法令に特別の定めがある場合を除き、書面の作成その他の方式を具備することを要しない」と定めています。これは、契約の自由の１つとして、**方式の自由**を定めたものです。

これらは、いずれも、法律家にとっては当たり前のことなのですが、実は現在の民法には規定されていません。こんな大事な基本原則が書かれていないわけです。しかし、それはおかしいでしょう。大事な原則は、国民がわかるように、民法の中に書いておく必要があるというわけです。

ただ、これは、ほかでは**あまり実現することができませんでした**。それは、このような抽象的な原則を定めると、それがどのような使われ方をするかわからず、変な主張を導くための言いがかりに使われるのではないかということがおそれられたためです。プロの心配とはそういうものでしょう。しかし、結果として、民法の基本原則が民法を読んでもよくわからない状態が続くことになったのは、残念といわなければなりません。

3 確立したルールの明文化と合理化

民法の透明化の３つめは、**判例・学説上確立したルールを明文化**するものです。

これは、①そうしたルールがこれまでの民法には書かれていないので、新たに規定を作ったもの——**規定の新設**——のほか、②これまでの民法の書き方から判例・学説上確立したルールを読み取ることがむずかしい場合に、規定の仕方を改めたり、規定の欠けている部分をおぎなったり、場合によってはより合理的な内容にするために、規定を修正したりしたもの——**規定の補充と修正**——もあります。

(1) 規定の新設

まず、**規定の新設**がされたものからみていきましょう。このような例はたくさんあるのですが、ここでは代表的な例にしぼってご紹介しておきます。

(a) 意思能力

１つめの例は、**意思能力**に関する規定を新設したもの（改正法３条の２）です。

旧法	改正法
	3条の2（意思能力） 法律行為の当事者が意思表示をした時に意思能力を有しなかったときは、その法律行為は、無効とする。

Ⅲ章で、認知症のケース(ケース8)について、契約の意味もわからない人がした契約が無効であることは、現在の民法には規定がないということを紹介しました。しかし、このような契約が無効であることは、すでに判例・学説上確立しています。そこで、改正法3条の2で、意思能力がなかったときは、無効とすることが明文化されることになりました。

(b)**代理権の濫用**

2つめの例は、**代理権の濫用**に関する規定を新設したもの(改正法107条)です。

旧法	改正法
	107条(代理権の濫用) 代理人が自己又は第三者の利益を図る目的で代理権の範囲内の行為をした場合において、相手方がその目的を知り、又は知ることができたときは、その行為は、代理権を有しない者がした行為とみなす。

代理権の濫用は、次のようなケースで問題となります。

【ケース14】

輸入品の販売を目的とするA会社の営業部長Bは、A会社の代理人として、フランス製の香水を輸入業者から仕入れる権限を持っていた。ところが、Bは、この権限を利用して利益を得ようと考え、輸入業者CからA会社を代理して香水を100万円で買い入れた上で、これをDに売却して、その利益を着服した。Cは、A会社に香水の売買代金100万円の支払を請求することができるか。

このケースのBは、A会社を代理して、フランス製の香水を輸入業者から仕入れる権限を持っています。このように本人(A会社)のために他人(輸入業者)と一定の契約等(香水を買い入れるという契約)をする権限を**代理権**といいます。

Bは、この代理権を使って、実際にA会社を代理してCから香水を100万円で買い入れるという契約をしています。そうすると、本人であるA会社は、この契約をしたことになりますので、Cに100万円を支払わなければならないはずです。

ところが、このケースのBは、買い入れた香水をDに売却して、その利益を着服しています。このように、**本人以外の人――自己または第三者――の利益をはかることを目的として**代理権を使う場合を、**代理権の濫用**といいます。

この場合に、代理人がした契約について本人が責任を負わなければならないかどうかという問題について、これまでの民法には規定がありませんでした。

そこで、判例は、この場合は、契約をする意思がないのにわざと契約をするという意思を表示する場合――これを「心裡留保（しんりりゅうほ）」といいます――と似ているとみて、**心裡留保に関する規定**(旧93条ただし書)**を類推適用**することによって解決していました。代理人は、本当は自己または第三者の利益をはかる目的で、本人のために契約をするという表示をしているところが、心裡留保に似ているとみたわけです。これによると、代理人(B)が自己または第三者の利益をはかる目的で契約をしていることを相手方(C)が知っていたか、知ることができたときは、この契約は無効になる、つまり本人(A会社)は売買代金100万円を支払う必要はないことになります。

しかし、このような判例のルールは、民法の条文だけをみていても、わかりません。そこで、改正法107条は、それを**明確に民法の中に定めることとした**わけです。

(C)債権者代位権の転用

3つめの例は、債権者代位権という権利がこれまで本来は適用されないはずの場面で適用されてきたもの――これを「**債権者代位権の転用**」といいます――について規定を新設し、正面から認めることとしたものです(改正法423条の7)。

(ア)債権者代位権とは　これを理解していただくためには、まず、**債権者代位権**という権利がどのようなものかということを説明する必要があります。

【ケース15】

Aは建設会社Bに2000万円で建築資材を売却したが、Bの経営状態が悪化していたことから、Bから代金の支払をまだ受けていない。Bは、以前にCから2000万円を借り入れ、その担保としてBが所有する土地甲(時価 2000 万円)に抵当権を設定していたが、5 年以上も前に C に 2000 万円を返す必要があったのに、返すことができていない。そこで、C は、甲に設定されていた抵当権を実行しようとしている。

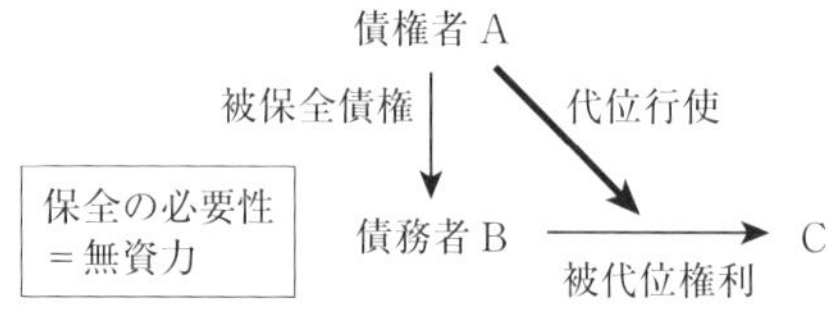

この場合の A は、B に対して、建築資材の代金 2000 万円を払ってもらうという権利を持っています。このような権利を「**債権**」といい、それに対応する義務——2000 万円を支払うという義務——を「**債務**」、債権を持つ者(A)を「**債権者**」、債務を負う者(B)を「**債務者**」といいます。

しかし、いくら債権があるといっても、債務者(B)が債務を履行してくれなければ——代金 2000 万円を支払ってくれなければ——、債権者(A)は実際の利益(2000 万円)を手にすることができません。そこで、債権者(A)は、債務者(B)が持っている財産を差し押さえて、それを売り払う——これを「**競売**(けいばい)」といいます——などしてお金にかえ、そこから自分の債権の支払——これを「**弁済**」といいます——を受けることができます。このように、債務者(B)が持っている財産は、債権者(A)がそこから債権の弁済を受けるための原資になるものです。これを、債務者(B)が債権者に対して責任を負うための財産という意味で、「**責任財産**」といいます。

ただし、同じ債務者(B)に、ほかにも債権者(たとえば D)がいる場合に、競売で売れたお金が債権者全員の債権を弁済するのに足りないとき(たとえば D も 2000 万円の債権を持っていて、甲が 2000 万円でしか売れなかったとき)は、それぞれの債権者の債権額の比率にしたがって分配する(A と D がそれぞれ 2000 万円の 2 分の 1＝1000 万円ずつ支払を受ける)ことになります——これをすべての債権者がその債権額に応じて平等にあつかわれるという意味で、「**債権者平等の原則**」といいます——。これは、債務者(B)がいやだといっても強制的におこなわれます。その意味で、これを「**強制執行**」といいます。

もっとも、ケース 15 の C のように、債権者(C)が自分の債権の担保として抵当権を設定してもらっている場合は、甲について抵当権を持っている債権者——これを「**抵当権者**」といいます——(C)は、甲を競売することによって得られた代金から優先して自分の債権を弁済してもらうことができます。甲が 2000 万円で売れたとしますと、その全額を抵当権者である C が取得しますので、他の債権者である A はまったく弁済を受けることができません。これは、A にとっては、大変きびしい状況です。

ところが、ケース 15 では、C は B に対して 2000 万円を返してもらう債権があるのですが、もう 5 年以上も返してもらっていません。債権は、債権者がそれを行使できることを知った時から 5 年間行使していないときは、**時効によって消滅**することになります(改正法 166 条 1 項 1 号)。この時効を主張すれば——これを時効を「**援用**」するといいます——、C の債権は消滅しますし、その担保である抵当権も消滅することになります。そうなれば、債権者である A は、強制執行により、甲が売れた代金から自分の債権の弁済を受けることができます。

ただ、この時効を援用することができるのは、「**当事者**」だけです(改正法 145 条)。ケース 15 では、債務者である B だけです。B が援用してくれればよいのですが、B は、援用したところで、結局、甲は競売されて、A がその代金を取得することになるだけですので、わざわざそんなことをしてもムダだと思うかもしれません。

しかし、ほかに財産がないようなときには、債務者(B)は債権者(A)に債権を弁済することができないのですから、援用できる時効を援用しないという勝手なことは許されません。そこで、このように、債務者(B)の財産がすべての債権者に債権を弁済するのに足りない——これを「**無資力**」といいます——ため、債権者(A)が自分の債権の弁済を確保する——これを債権を「**保全**」するといいます——必要があるときに、債務者(B)が持っている権利(時効を援用する権利)を債務者(B)に代わって行使することが認められています(改正法 423 条 1 項)。これが、**債権者代位権**です。

旧　法	改 正 法
423 条（債権者代位権） 債権者は、自己の債権を保全するため、債務者に属する権利を行使することができる。ただし、債務者の一身に専属する権利は、この限りでない。	**423 条（債権者代位権の要件）** 債権者は、自己の債権を保全するため必要があるときは、債務者に属する権利（以下「被代位権利」という。）を行使することができる。ただし、債務者の一身に専属する権利及び差押えを禁じられた権利は、この限りでない。 （以下略）

(ｨ)債権者代位権の転用とは　このように、債権者代位権は、債権者が自分の債権を保全するために、債務者の責任財産を維持することを目的としたものです。ところが、これまで、債権者代位権は、それとは違った目的のために使われる場合があり、判例もそれを認めてきました。その代表例が、次のような場合です。

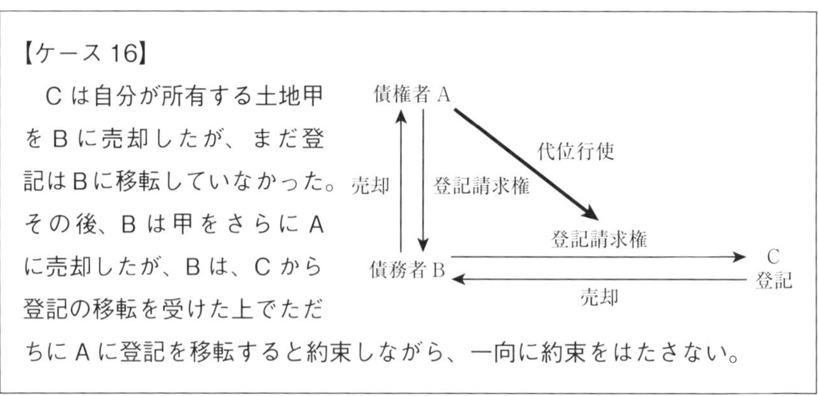

【ケース 16】
Cは自分が所有する土地甲をBに売却したが、まだ登記はBに移転していなかった。その後、Bは甲をさらにAに売却したが、Bは、Cから登記の移転を受けた上でただちにAに登記を移転すると約束しながら、一向に約束をはたさない。

土地を売却すれば、その土地の所有権は売主から買主に移ることになります。しかし、買主は、そのようにして土地の所有権が自分に移ったことを売主以外の人に主張する――これを「第三者」に「対抗する」といいます――ためには、**登記**を移す必要があります（177 条）。このような登記を、権利の移転についての「**対抗要件**」といいます。

改正法 560 条によると、売主は、買主に対し、このような「権利の移転についての対抗要件を備えさせる義務」を負うとされています。これによると、買主(A)は、売主(B)に対して、登記を移転するように求めることができます

——このような権利を「**登記請求権**」といいます——。同じように、買主(B)は、売主(C)に対して、登記請求権を持ちます。

このケースでは、AがBから登記を移転してもらうためには、その前提として、CからBに登記を移転する必要があります。通常は、Bが、Cに対して、登記を移転するように請求するでしょう。しかし、このケースのように、Bがそのような請求をしてくれないときは、Aは、Bから登記を移転してもらうという権利(登記請求権)を実現することができません。

そこで、判例は、このような場合に、Aは、Bに対する登記請求権を保全するために、BがCに対して持っている登記請求権をBの代わりに行使することを認めました。これによって、CからBに登記を移転した上で、Aは、今度はBに対する登記請求権を行使して、BからAに登記を移転させるわけです。

このような場合は、Bがほかに財産を持っているかどうか、つまり資力が十分にあるかどうかは関係ありません。AがBに対して持っている登記請求権を実現するためには、BがCに対して持っている登記請求権を代わりに行使するしかないわけです。債務者(B)の責任財産を維持するためではなく、債権者(A)が債務者(B)に対して持っている**特定の権利(登記請求権)を実現するため**に、つまり本来の目的とは違う別の目的のために、債権者代位権が「**転用**」されているわけです。

しかし、同じ423条の「自己の債権を保全するため」という言葉の中に、責任財産を維持するためという目的と特定の権利を実現するためという目的が含まれていることは、少なくともこの条文をみただけではわかりません。そこで、**改正法423条の7**は、登記請求権についてこのような代位行使が認められることを、423条とは独立して定めることとしました。

旧法	改 正 法
	423条の7(登記又は登録の請求権を保全するための債権者代位権) 登記又は登録をしなければ権利の得喪及び変更を第三者に対抗することができない財産を譲り受けた者は、その譲渡人が第三者に対して有する登記手続又は登録手続をすべきことを請求する権利を行使しないときは、その権利を行使することができる。この場合においては、前3条の規定を準用する。

(d)不動産の賃借人による妨害の停止の請求等

4つめの例は、**不動産の賃借人による妨害の停止の請求等**に関する規定の新設です(改正法605条の4)。これは、次のような場合に問題となります。

【ケース17】

Bは、Aから、建物を所有する目的でAが所有する土地甲を月額30万円の賃料で借り受け、そこに建物乙を建てて住んでいたが、震災のため乙が半壊してしまった。その後、Bは、しばらく妻の実家に避難していたが、1年あまりたってから甲に戻ってみると、次のような事実がわかった。
①Cが、勝手に甲の敷地内にプレハブ住宅を建てて甲を占拠していた。
②Aから甲の敷地を賃借したというDが、甲の敷地内にプレハブ住宅を建てて甲を占拠していた。

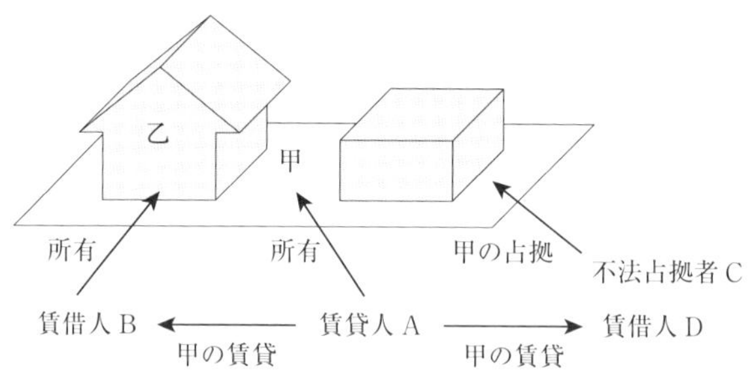

(ア)賃借権とは　このケースのBは、Aから土地甲を月額30万円の賃料で借りています。Aを「**賃貸人**」、Bを「**賃借人**」、両者の間の契約を**賃貸借契約**といいます。また、借りた物(このケースでは土地甲)を「**賃借物**」といいます。

このような賃貸借契約を結ぶと、賃借人(B)は、賃貸人(A)に対して、賃借物を使わせるように求めることができます。このような賃借人(B)の権利を「**賃借権**」といいます。

民法のもともとの考え方によると、賃借人が賃借権を持っているといっても、賃借物を使わせるように求めることができる相手は**賃貸人だけ**でした。債権は、債務者に対して弁済するよう求めることができる権利にすぎないのであり、**賃借権も債権**でしかないからだと考えるわけです。そうすると、ケース17のように、CやDが賃借物を占拠しているために、Bが賃借物を使えないときでも、Bは、CやDに対して賃借物を使わせろと求めることはできないことになります。

(イ)債権者代位権の転用　しかし、①のCのように、勝手に甲を占拠している場合は、Aが持っている土地甲の所有権がCによって侵害されています。このような**所有権**は、債権と違って、誰に対しても主張することができる権利——これを「**物権**」といいます——です。そこで、この場合は、土地甲の所有者であるAは、Cに対して、土地甲から出て行けと求めることができます。これを「**物権的請求権**」といいます。

先ほど確認しましたように、賃借人Bは、賃貸人Aに対して、賃借物である土地甲を使わせろと求める権利(債権)があります。ところが、Cが土地甲を占拠しているために、この債権を実現することができていません。そこで、賃借人Bは、この賃貸人Aに対する債権を保全するために、賃貸人(＝所有者)Aが持っている所有権にもとづく物権的請求権をAの代わりに行使することが考えられます。先ほど紹介した、**債権者代位権の転用**です。実際、判例はこのような可能性を認めてきました。

(ウ)不動産賃借権にもとづく妨害の停止・返還の請求　これは、うまい方法なのですが、賃貸人が賃借物を占拠している人に対して所有権にもとづく物権的請求権を持っているときにしか使えません。ケース17の②のような場合は、賃貸人Aは、Dに対しても土地甲を貸していますので、AはDに対して賃借物を返すよう求めることができません。

そこで、判例は、土地や建物のような**不動産の賃借人**については、その**賃借権について対抗要件**をそなえていれば、Cのように何の権限も持たずに賃借物を占拠している人に対してはもちろん、Dのように同じ賃借権にもとづいて賃借物を占拠している人に対しても、賃借物の返還を請求することを認めました。賃借権についての対抗要件とは、賃借権の登記(605条)のほか、建物であれば、その引渡し(借地借家法31条1項)、ケース17のように、建物を所有する目的で土地を賃借する場合は、その建物についての登記(借地借家法10条1項)です。このような対抗要件をそなえた不動産の賃借権は、債権というよりも、むしろ誰に対しても主張することができる**物権に近い**と考えたわけです。

改正法605条の4は、このような判例によって認められてきたルールを民法の中に明確に規定したものです。

旧法	改正法
	605条の4(不動産の賃借人による妨害の停止の請求等) 不動産の賃借人は、第605条の2第1項に規定する対抗要件を備えた場合において、次の各号に掲げるときは、それぞれ当該各号に定める請求をすることができる。 一　その不動産の占有を第三者が妨害しているとき　その第三者に対する妨害の停止の請求 二　その不動産を第三者が占有しているとき　その第三者に対する返還の請求

(e)賃借人の原状回復義務

5つめの例は、**賃借人の原状回復義務**に関する規定の新設です(改正法621条)。これは、次のような場合に問題となります。

【ケース18】
Bは、AからAが所有する建物甲を期間5年、月額10万円の賃料で借り受けた。その後、5年の期間が終了して、Bが甲から出て行くときに、Aが調べてみると、もともと風呂場の天井にカビが生えていたのに加えて、Bが掃除をまったくしなかったために、排水管が目づまりを起こしていたほか、壁紙が日焼けのために黄ばんでいることがわかった。そこで、Aは、Bに対して、排水管を修理し、壁紙を新品に取り替えるように求めた。

このように、賃貸借契約が終了するときに、賃借物に損傷があった場合、賃借人は賃借物を元の状態に戻す義務――これを「**原状回復義務**」といいます――を負うかどうかが問題となります。ところが、驚かれるかもしれませんが、これまでの民法には、この問題について規定がありませんでした。

もちろん、これは非常によく問題となることですので、判例・学説により、基本的なルールが確立していました。それを明文化したのが、**改正法621条**です。

旧法	改 正 法
	621条（賃借人の原状回復義務） 賃借人は、賃借物を受け取った後にこれに生じた損傷（通常の使用及び収益によって生じた賃借物の損耗並びに賃借物の経年変化を除く。以下この条において同じ。）がある場合において、賃貸借が終了したときは、その損傷を原状に復する義務を負う。ただし、その損傷が賃借人の責めに帰することができない事由によるものであるときは、この限りでない。

受取前の損傷		原状回復　不要
受取後の損傷	原　則	原状回復　必要
	借主に責任なし	原状回復　不要
受取後の自然損耗・経年劣化		原状回復　不要

まず、賃借人が**賃借物を受け取る前**からもともと損傷があった――ケース18だと風呂場のカビ――ときは、賃借人は、もちろん、原状に戻す――つまり修理する――必要はありません。**賃借物を受け取った後**に損傷が生じた――ケース18だと排水管の目づまり――場合は、原則として、賃借人は、原状に戻す必要があります。ただし、その損傷について賃借人に責任がない場合は、原状に戻す必要はありません。

ただ、建物などは、普通に使っていれば、だんだんすり減ってきたり、古くなってきたりします。これを「**自然損耗**（そんもう）」、「**経年劣化**」といいます。ケース18の壁紙の日焼けなどが、その典型例です。これは、借りる以上当然に生じるものですので、賃借人は原状に戻す――新品に取り替える――必要はないとされています。

(f)**敷　金**

最後に、6つめの例として、**敷金**（しききん）**に関する規定**の新設も紹介しておきましょう（改正法622条の2）。

【ケース19】

Bは、AからAが所有するビル甲を期間5年、月額200万円の賃料で借り受け、敷金として600万円を支払った。その後、5年の期間が終了するまでに、Bの過失により甲の一部が破損し、Aが業者に修理をしてもらった結果、150万円の修理費がかかったほか、Bは1ヶ月分の賃料を滞納していた。

敷金は、賃貸借契約をするときに、賃借人が賃貸人に支払うお金です。何のために支払うかといいますと、**担保**のためです。

つまり、賃貸借契約をしてから契約が終了して、賃借物を返す時までの間に、たとえば、賃借人が賃料を滞納したり、賃借物をこわして損害賠償をしなければならないといった事態が生じることがあります。その場合に、賃借人がすんなり滞納している賃料や損害賠償を払ってくれればよいのですが、払ってくれないかもしれません。

そこで、賃貸人は、賃貸借契約が終了して、賃借物を返してもらったときに、この滞納分の賃料や損害賠償分など――つまり賃借人が賃貸人に対して負っている債務の額――を**敷金から差し引いて、残った額**があればそれを**賃借人に返せばよい**ことにする。そうしておけば、賃貸人は、少なくとも敷金の額の限度で、確実に賃借人から支払ってもらうべきものを支払ってもらうことができます。

これが敷金の意味なのですが、実は、このようなことが、これまでの民法には規定されていませんでした。しかし、判例・学説上確立したルールですので、改正法ではこれを明文化することとしたわけです。

旧法	改正法
	622条の2(敷金) 賃貸人は、敷金(いかなる名義をもってするかを問わず、賃料債務その他の賃貸借に基づいて生ずる賃借人の賃貸人に対する金銭の給付を目的とする債務を担保する目的で、賃借人が賃貸人に交付する金銭をいう。以下この条において同じ。)を受け取っている場合において、次に掲げるときは、賃借人に対し、その受け取った敷金の額から賃貸借に基づいて生じた賃借人の賃貸人に対する金銭の給付を目的とする債務の額を控除した残額を返還しなければならない。 一　賃貸借が終了し、かつ、賃貸物の返還を受けたとき。(以下略)

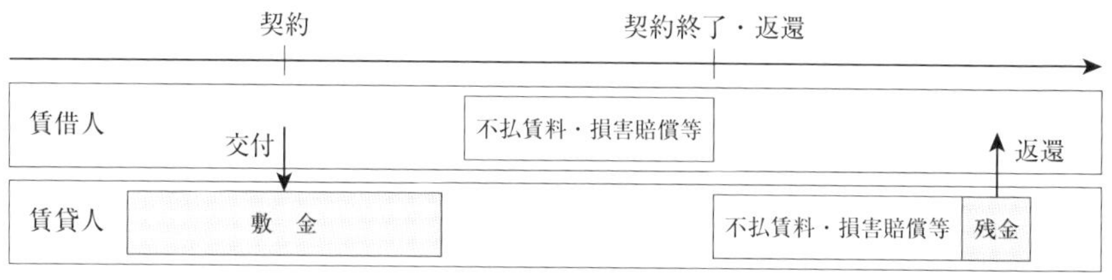

(2)規定の補充・修正

次に、これまでの民法の書き方から判例・学説上確立したルールを読み取ることがむずかしい場合に、**規定の補充と修正**がおこなわれたものを紹介しておきましょう。これは、補充と修正の度合いによって、いくつかのパターンがあります。

第1は、単純に、これまでの民法の欠けている部分をおぎなったもの――**単純補充型**――です。これは、先ほどの規定の新設と程度の差でしかありません。

第2は、これまで広く定められたあいまいな規定の解釈によっていくつかの具体的なルールが導かれていたものについて、それらの具体的なルールに解体して、規定を整理したもの――**解体・整理型**――です。

第3は、これまで狭く定められていた規定が解釈によって同じ趣旨が当てはまる他の例にも広げて適用されていたものについて、その趣旨にしたがって適用することができるように規定を一般化したもの――**一般化型**――です。

第4は、これまで規定からただちに読み取ることができない解釈が判例・学説上認められてきたものについて、それをさらに合理的なものに修正して明文化したもの――**修正型**――です。

(a)単純補充型

まず、1つめの**単純補充型**からみてみましょう。この例はたくさんあるのですが、ここでは2つだけ紹介しておきます。

(ア)消費貸借の利息　　第1は、**消費貸借の利息**に関する規定です(改正法589条)。

> 【ケース20】
> Aは、B銀行から、返済期を1年後とし、利率を年4%として、1000万円を借り入れた。

先ほどまで紹介した賃貸借は、物を借りて、契約が終了すれば、その物を返すという契約でした。それに対して、このケースのように、お金を借りる場合は、借りたお金は使ってしまう――これを「消費する」といいます――ことが予定されていますので、返すときは、その借りた同じお金ではなく、同じ金額のお金を返すことになります。このような貸し借りの契約を、「**消費貸借**（しょうひたいしゃく）」といいます。この消費貸借は、お金の貸し借りにかぎらないのですが、典型例はお金の貸し借り――これを「**金銭消費貸借**」といいます――です。このような契約がされると、貸主は、借主に対して、貸したお金と同額のお金を返してもらうという権利――これを「**貸金債権**（かしきんさいけん）」といいます――を持つことになります。

このような金銭消費貸借については、ケース20のように、返すときに利息を支払うことが実際には多いでしょう。ところが、これまでの民法では、**利息**についての規定がほとんどありませんでした。消費貸借には、「利息付きの消費貸借」と「無利息の消費貸借」があることが示されていただけでした（旧590条）。

旧法	改正法
	589条（利息） 貸主は、特約がなければ、借主に対して利息を請求することができない。 2 前項の特約があるときは、貸主は、借主が金銭その他の物を受け取った日以後の利息を請求することができる。

そこで、**改正法589条**は、まず、**1項**で、消費貸借契約をするだけでなく、利息を払うという特別な約束――これを「**特約**」といいます――をしないと、貸主は借主に利息を請求することができないと定めることとしました。これは、これまでの民法も、書いていないだけで、当然の前提にしていたことをおぎなったものです。

その上で、**2項**で、この特約があるときは、貸主は、借主が金銭その他の物を**受け取った日以後の利息**を請求することができると定めました。これは、これまでの民法では、消費貸借契約は、金銭その他の物を受け取ってはじめて効力が認められることとされていたのに対して（587条）、改正法では、書面ですれば、後で金銭その他の物を引き渡すという契約をすることも認められるようになったことと関係しています（改正法587条の2）。つまり、まだ金銭その他の物を引き渡していなくても、契約の効力は生じるのですが、利息を支払わなければならないのは、実際に金銭その他の物を受け取ってからだとしたわけです。

(ｲ)差押えを受けた債権を受働債権とする相殺の禁止　第2は、**差押えを受けた債権を受働債権**（じゅどうさいけん）**とする相殺**（そうさい）**の禁止**に関する規定です（改正法511条）。これは、次のような場合に問題となります。

【ケース 21】

A 銀行は、B に対し 800 万円の貸金債権甲を持っていたのに対して、B は、A 銀行に対し 1000 万円の定期預金債権乙を持っていた。ところが、その後、B は経済状態が悪化し、税金まで滞納することになったため、7 月 1 日に、国 C が B の定期預金債権乙を差し押さえた。これに対して、A 銀行は、貸金債権甲と定期預金債権乙を相殺することができるか。

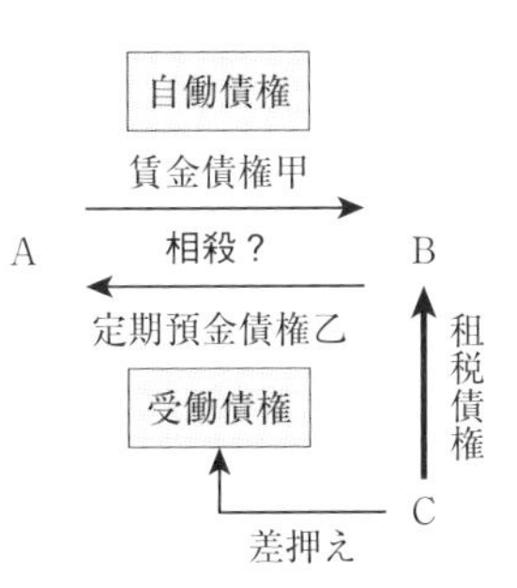

①貸金債権甲の返済期は 5 月 1 日であり、定期預金債権乙の満期日は 6 月 1 日だった場合

②貸金債権甲の返済期は 9 月 1 日であり、定期預金債権乙の満期日は 8 月 1 日だった場合において、その後 9 月 1 日をすぎたとき

	5/1	6/1	7/1	8/1	9/1
①	甲	乙	差押え	相殺？	
②			差押え	乙	甲　相殺？

1)相殺とは　**貸金債権**の意味は、先ほど説明しました。A 銀行は、B に対して、800 万円を返すよう求める権利があるということです。**定期預金債権**というのは、B が A 銀行に 1000 万円をあずけて、満期日が来れば(利息とともに) 1000 万円を返すよう求める権利です。

このように、2 人がたがいに金銭の支払という同種の内容の債務を負担している場合には、どちらの債務も弁済する期日――これを「**弁済期**」といいます――が来ているならば、たがいに自分の債務を弁済しあう――B が A 銀行に 800 万円を支払い、A 銀行が B に 1000 万円を支払う――かわりに、たがいにみあった額――これを「**対当額**」といいます――、つまり 800 万円については、**相殺**することによって、それぞれ債務をまぬがれることが認められています

(505条1項)。

A銀行が相殺する場合、相殺をするA銀行が持っている債権(貸金債権甲)を——相殺する側の債権という意味で——「**自働債権**(じどうさいけん)」、相手方であるBが持っている債権(定期預金債権乙)を——相殺される側の債権という意味で——「**受働債権**(じゅどうさいけん)」といいます。

2)差押えを受けた債権を受働債権とする相殺　ケース21では、国Cが、Bに対して税金を支払うよう求める権利——これを「**租税債権**」といいます——を持っています。Bがこの税金を払わないので、国Cは、Bが持っている財産である定期預金債権乙を差し押さえたわけです。このように差押えをした債権者(C)を「**差押債権者**」、差押えを受けた債権(定期預金債権乙)の債務者(A銀行)のことを、「**第三債務者**」と呼びます。国Cは、このようにして定期預金債権乙を差し押さえた後は、さらに手続をふんで、A銀行から定期預金の限度で税金分の金額を取り立てることになります。

問題は、このような場合に、A銀行は**差押えを受けた債権を受働債権として相殺をすることができるかどうか**です。もし相殺することができるとすれば、対当額(800万円)の限度で、A銀行は定期預金を返すという債務をまぬがれることになります。そうすると、国Cは、残りの200万円分しか、A銀行から取り立てることができないことになります。

旧法	改正法
511条(支払の差止めを受けた債権を受働債権とする相殺の禁止) 支払の差止めを受けた第三債務者は、その後に取得した債権による相殺をもって差押債権者に対抗することができない。	**511条(差押えを受けた債権を受働債権とする相殺の禁止)** 差押えを受けた債権の第三債務者は、差押え後に取得した債権による相殺をもって差押債権者に対抗することはできないが、差押え前に取得した債権による相殺をもって対抗することができる。 2　(略)

これまでの民法は、511条で、このような差押えを受けた第三債務者(A銀行)は、差押債権者との関係では、**差押えの後に取得した債権**を自働債権として相殺をすることはできない——これを「相殺をもって差押債権者に対抗することができない」といいます——と定めていました。ケース21では、A銀行は、差押えよりも前に自働債権である貸金債権甲を持っていたわけですので、

差押債権者に対して相殺を対抗することができる、つまり相殺によって800万円の限度で定期預金を返す債務をまぬがれることになりそうです。

ただ、これは、①のように、貸金債権甲の返済期が5月1日であり、定期預金債権乙の満期日が6月1日だった場合——つまり**相殺をする者の自働債権の弁済期が先に来る場合**——は、問題ないのですが、逆に**自働債権の弁済期が後に来る場合**は、少し考える必要があります。たとえば、②のように、貸金債権甲の返済期が9月1日で、定期預金債権乙の満期日は8月1日だった場合は、もともとA銀行は、8月1日に定期預金1000万円をBに返さなければならなかったはずです。8月1日の時点では、貸金債権甲の返済期は来ていませんので、A銀行はBに800万円を返せとはいえません。このような場合に、相殺を認めますと、結局、A銀行は、8月1日の時点で、800万円を返してもらったのと同じことになります。それでは、弁済期を定めた意味がありません。

しかも、②の場合は、7月1日に、国Cが定期預金債権乙を差し押さえているわけですから、8月1日が来れば、国CはA銀行から税金分を取り立てることができるはずです。そうならないまま9月1日が来たとすれば、それは、A銀行が本当は定期預金を返さなければならないのに、それをわざとしなかったということです。たしかに、9月1日が来れば、自働債権である貸金債権甲の返済期が来ますので、相殺を認めるための条件はそろうのですが、このような自分の債務をわざと弁済しなかった者に相殺を認めてもよいのかという問題があります。

かつての判例は、このような考慮から、自働債権（貸金債権甲）の弁済期がもともと受働債権（定期預金債権乙）の弁済期よりも後である場合には、たとえその後自働債権（貸金債権甲）の弁済期が来ても、相殺は認められないとしました。しかし、**その後**、判例は、立場を変えて、どちらの弁済期が先に来るかにかかわりなく、銀行による相殺を認めることとしました。これを、弁済期による制限がないという意味で、「**無制限説**」といいます。

これは、銀行が借主にお金を貸し付ける場合、借主がそのお金を返せないときは、借主が銀行にあずけている預金から貸し付けたお金を回収することが予定されている——その意味で預金債権が**担保**の役割をはたしている——という**銀行取引の現実**を無視することができなかったためです。特に銀行と借主の間に継続的な取引関係があるときには、貸金債権と預金債権は発生と消滅を繰り返しますので、弁済期がいつになるかは偶然に左右されます。そのため、どちらの弁済期が先に来るかにかかわりなく、必要なときに相殺することができないと、安心して借主にお金を貸すことができません。そうした現実のニーズに、判例が応えたわけです。

改正法511条も、このような判例にしたがって、「差押え前に取得した債権による相殺をもって対抗することができる」と定めることにより、弁済期にかかわりなく、差押え前に取得した債権があれば、それを自働債権として相殺することができることを明確に示すこととしました。

(b)**解体・整理型——受領遅滞**

次に、2つめの**解体・整理型**をみてみましょう。その代表例は、**受領遅滞**に関する規定です。

受領遅滞とは、債権者が債務の履行を受けることを拒み、または受けることができないことです。この場合について、これまでの民法では、債権者は、債務の履行の提供があった時から「遅滞の責任を負う」とのみ定めていました(旧413条)。しかし、そこでいう「**遅滞の責任**」とは何か、よくわかりません。

この規定の解釈として、これまで、判例・学説により、いくつかのルールが認められてきました。改正法は、そのうち、3つないし4つのルールを具体的に定めることとしています。

旧 法	改 正 法
413条(受領遅滞) 債権者が債務の履行を受けることを拒み、又は受けることができないときは、その債権者は、履行の提供があった時から遅滞の責任を負う。	**413条(受領遅滞)** 債権者が債務の履行を受けることを拒み、又は受けることができない場合において、その債務の目的が特定物の引渡しであるときは、債務者は、履行の提供をした時からその引渡しをするまで、自己の財産に対するのと同一の注意をもって、その物を保存すれば足りる。 2 債権者が債務の履行を受けることを拒み、又は受けることができないことによって、その履行の費用が増加したときは、その増加額は、債権者の負担とする。 **413条の2(履行遅滞中又は受領遅滞中の履行不能と帰責事由)** (略) 2 債権者が債務の履行を受けることを拒み、又は受けることができない場合において、履行の提供があった時以後に当事者双方の責めに帰することができない事由によってその債務の履行が不能となったときは、その履行の不能は、債権者の責めに帰すべき事由によるものとみなす。

	567条(目的物の滅失等についての危険の移転) 売主が買主に目的物(売買の目的として特定したものに限る。以下この条において同じ。)を引き渡した場合において、その引渡しがあった時以後にその目的物が当事者双方の責めに帰することができない事由によって滅失し、又は損傷したときは、買主は、その滅失又は損傷を理由として、履行の追完の請求、代金の減額の請求、損害賠償の請求及び契約の解除をすることができない。この場合において、買主は、代金の支払を拒むことができない。 2　売主が契約の内容に適合する目的物をもって、その引渡しの債務の履行を提供したにもかかわらず、買主がその履行を受けることを拒み、又は受けることができない場合において、その履行の提供があった時以後に当事者双方の責めに帰することができない事由によってその目的物が滅失し、又は損傷したときも、前項と同様とする。

(ア)受領遅滞後の注意義務の軽減　　第1は、契約等で特定された物――これを「**特定物**」といいます――を引き渡す債務について、債権者が受領遅滞をした場合に、債務者がその後その特定物を債権者に引き渡すまで、その物をどのように**保存**しなければならないかという問題に関するルールです。

本来は、他人の物や他人に引き渡さなければならない物を保存するのに一般に要求される注意――これを「**善良な管理者の注意**」といいます――を払わなければなりません――この義務を略して「**善管注意義務**」といいます――。

しかし、債権者の側で受領遅滞があった場合は、この注意義務が軽くなり、他人の物としてではなく、自分の物として保存するのに必要な注意――これを「**自己の財産に対するのと同一の注意**」といいます――をもって保存すれば足りるとされています。このような注意義務の軽減は、旧413条の解釈として判例・学説上認められてきたものです。**改正法413条1項**は、それを明文化して、具体的に定めることとしています。

(イ)受領遅滞による増加費用の負担　　第2は、債権者が受領遅滞をしたことによって**履行にかかる費用が増加**した場合に、誰がその増加額を負担しなければならないかという問題に関するルールです。

改正法413条2項は、この増加額は、受領遅滞をした**債権者の負担**とすることを定めています。これも、旧413条の解釈として判例・学説上認められてきたものです。

(ウ)受領遅滞中の履行不能と対価を支払う義務　　第3は、債権者が受領しさえすればよいところまで債務者が債務を履行するために必要な行為をした――

これを「**履行の提供**」といいます——のに、債権者が受領遅滞をした場合において、その後その債務を履行することができなくなった——これを履行が「**不能**」になるといいます——ときに、債権者は債務者に対しその**対価を支払う義務をまぬがれるか**という問題に関するルールです。これは、次のような場合に問題となります。

> 【ケース22】
> Aは、食品会社Bに対し、北海道産のジャガイモ10トンを100万円で売却し、10日後にBの工場に納入するという契約をした。そこで、Aは、10日後に、ジャガイモ10トン(甲)をBの工場に運んだが、Bは、ジャガイモの保存状態が悪いなどといいだして、その受領を拒否したため、Aは、ジャガイモ甲をAの倉庫に持ち帰ることになった。それから1週間かけてAが甲をもう一度調べたところ、甲の保存状態に特に問題はないことがわかった。ところが、その直後に、大地震のためにAの倉庫が全壊し、ジャガイモ甲はがれきに埋もれてつぶれてしまった。この場合に、Aは、Bに対して、ジャガイモ甲の代金100万円の支払を求めることができるか。

このケースのAは、約束どおり、契約をした10日後に、ジャガイモ甲をBの工場に運んでいますので、**履行の提供**をしたことになります。Bは、その受取りをこばんでいますので、**受領遅滞**にあたります。もっとも、このケースで問題となっていることを理解していただくためには、順を追って、いくつかの前提知識を説明する必要があります。

1)種類債務の特定と履行不能　まず、北海道産のジャガイモというように、種類だけで引き渡す物を指定している債務のことを、「**種類債務**」といいます。では、ジャガイモ甲がつぶれてしまった——これを「**滅失**」したといいます——ことによって、AがBに北海道産のジャガイモ10トンを引き渡すという種類債務の履行は**不能**になるでしょうか。

401条2項によると、債務者が債務を履行するために必要な行為を完了している――ジャガイモ甲をＢの工場に運んだ――ときは、債務者が引き渡す債務を負う物――これを債務の「**目的物**」といいます――は、その必要な行為が完了された物――ジャガイモ甲――に限られ、同じ種類の別のものを調達してくる必要はないとされます。これを「**種類債務の特定**」といいます。

このように種類債務が特定したときは、その後その特定した物が滅失すると、その種類債務の履行は**不能**になったとされます。

2）危険負担　次に、売買契約のように、一方の当事者が一定のことをする――これを「**給付**」といいます――債務を負うだけでなく、他方の当事者がその対価にあたることをする――これを「**反対給付**」といいます――債務を負う場合を、「**双務契約**」といいます。

この場合に、一方の債務の履行が不能になったときは、その債権者は他方の債務の履行――反対給付の履行――をこばむことができるとされています（改正法536条1項）。これは、対価を得られなくなるリスク――これを「対価危険」といいます――を債務者が負うという意味で、債務者が「**危険を負担する**」といいます。

ただし、「**債権者の責めに帰すべき事由**」によって債務の履行が不能になったときは、債権者は、他方の債務の履行をこばむことができないとされています（改正法536条2項前段）。これは、債権者が危険を負担することを意味しています。

3）受領遅滞による危険の移転　**改正法413条の2**は、債権者が**受領遅滞**をした後で、債務の履行が不能となったときは、その履行の不能は、「債権者の責めに帰すべき事由」によるものとみなしています。そうすると、改正法536条2項前段により、債権者は、他方の債務の履行をこばむことができないことになります。

ケース22でいうと、受領遅滞をしたＢ――履行不能になった種類債務（ジャガイモの引渡債務）の債権者――は、他方の債務である代金の支払債務の履行をこばむことができないことになります。つまり、ＡがＢに対してジャガイモ甲の代金100万円の支払を求めたときに、Ｂはそれをこばむことができず、Ａに代金100万円を支払わなければならないことになります。これは、受領遅滞をした債権者が、対価を支払うという危険を負担することを意味します。もともと危険は債務者が負担するのが原則ですので、**受領遅滞によって危険が債権者に移転した**とみることもできます。

このほか、**改正法567条2項**は、売買契約について、これと同様の内容を確認した規定をおいています。

(c)一般化型——代理人の利益相反行為

次に、3つめの**一般化型**をみてみましょう。その代表例は、**代理人の利益相反行為**に関する規定です(改正法108条)。

(ア)自己契約・双方代理の禁止　これまでの108条では、代理人について①自己契約と②双方代理が禁止されていました。これは、次のような場合に問題となります。

> 【ケース23】
>
> Aは、自分が所有する土地甲(時価5000万円)の売却について、Bに代理権を与えた。
>
> ①その後、Bは、Aを代理して、B自身が甲を3000万円で買い受けるという契約をした。
>
> ②その後、Bは、Cから適当な土地の購入を頼まれていたので、AとCを代理して、AがCに甲を3000万円で売却するという契約をした。

代理の本来のパターンは、本人が代理人に代理権を与え、代理人が本人を代理して相手方と契約等——これを「代理行為」といいます——をするというものです。これにより、その代理行為の効果は本人と相手方との間に生じることになります。

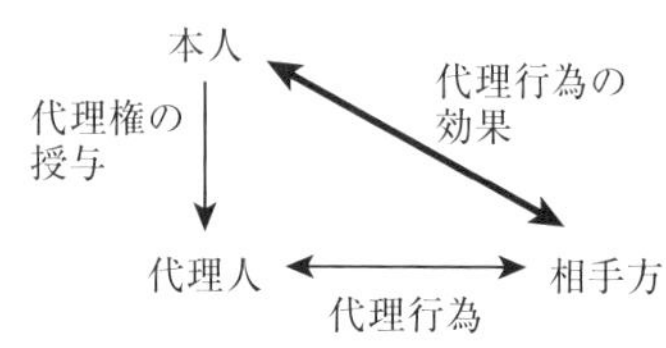

ケース23では、Aが本人で、Bが代理人です。

ところが、①では、B自身が契約の相手方になっています。つまり、Bが本人Aの代理人となって、自分自身と契約しています。これが「**自己契約**」です。

②では、同じBがAとC双方の代理人として契約をしています。これが

「**双方代理**」です。

これらの場合は、代理人(B)が一人で契約の内容を決めることになります。しかし、①では、B自身が相手方なので、Aの利益(少なくとも時価で売れるという利益)よりもB自身の利益(時価より安く買えるという利益)を優先してしまうおそれがあります。②でも、Aの利益とCの利益のどちらかを優先してしまうおそれがあります。こうした状況でする行為を「**利益相反行為**」といいます。このような行為は、本人の利益を害するおそれがあるので、禁止されているわけです。

旧 法	改 正 法
108条(自己契約及び双方代理) 同一の法律行為については、相手方の代理人となり、又は当事者双方の代理人となることはできない。ただし、債務の履行及び本人があらかじめ許諾した行為については、この限りでない。	**108条(自己契約及び双方代理等)** 同一の法律行為について、相手方の代理人として、又は当事者双方の代理人としてした行為は、代理権を有しない者がした行為とみなす。ただし、債務の履行及び本人があらかじめ許諾した行為については、この限りでない。 2　前項本文に規定するもののほか、代理人と本人との利益が相反する行為については、代理権を有しない者がした行為とみなす。ただし、本人があらかじめ許諾した行為については、この限りでない。

(イ)利益相反行為への一般化　もっとも、本人の利益と代理人の利益が相反する状況でする行為は、自己契約と双方代理にかぎられません。たとえば、次のような場合にも問題となります。

【ケース24】

Cは、自分が所有するアパート甲をAに月5万円で賃貸する契約をした。その際、将来に紛争が生じたときにそなえて、Aの代理人を選ぶことをCに委任することを合意した。その1年後、Cは家賃を増額しようと考え、Aの代理人としてBを選び、Bと交渉した結果、家賃を月10万円とするという契約をした。

このケースでは、本人(A)の代理人(B)と相手方(C)は別人ですので、自己契約にあたりません。また、代理人(B)は本人(A)を代理しているだけで、相手方(C)を代理しているわけではありませんので、双方代理にもあたりません。

しかし、このように、**相手方(C)が本人(A)の代理人を自由に選ぶことができる場合**は、相手方(C)が自分に都合のよい人(B)を代理人に選べば、結局、本人(A)の利益が害されてしまうおそれがあることに変わりはありません。もともと108条が自己契約と双方代理を禁止していた趣旨からすると、このような場合も、同じように禁止すべきでしょう。実際、これまでも、判例は、108条をそのように広げて解釈してきました。

改正法108条は、このような考慮から、新たに2項を付け加えて、自己契約と双方代理のほか、広く「代理人と本人との利益が相反する行為」については、「代理権を有しない者がした行為とみなす」、つまり代理権がないわけですから、本人はそのような行為について責任を負わないこととしました。もとの規定の趣旨――**利益相反行為の禁止**――が当てはまる他の例にも広げて適用できるように、規定を一般化したわけです。

(d)**修正型**

最後に、**修正型**の例もみておきましょう。

(ア)委任の任意解除　第1の例は、**委任の任意解除**に関する規定(改正法651条)です。

まず、前提として、「**委任**」とは、契約等の法律行為をすることを委託する契約をいいます(643条)。また、法律行為でない事務を委託する契約は、「**準委任**」といいますが、これについても委任に関する規定が準用されます――委任に準じるものとして必要な修正を加えて適用するということです――(656条)。

i)旧法の維持　委任は、委任する人(委任者)が委任される人(受任者)を信頼して自分の事務を委託するものです。受任者も、委任者が信頼できる人だからこそ、そのような委任者のために事務の処理を引き受けるのでしょう。したがって、そのような**信頼**が失われれば、委任者にも、受任者にも、委任を続けることを期待できません。そのため、委任は、どちらの当事者も、いつでも解除をすることができるとされています(651条1項)。この点は、旧法でも改正法でも変わりません。このような解除は、理由がなくても解除したいと思えば解除できるという意味で、「**任意解除**」といいます。

もっとも、**相手方に不利な時期に委任を解除したときは**、相手方の損害を賠償しなければなりません。ただし、やむを得ない事由があったときは、相手方の損害を賠償する必要はありません。この点も、旧法でも改正法でも変わりません(旧法651条2項・改正法651条2項1号)。

旧 法	改 正 法
651条(委任の解除) 委任は、各当事者がいつでもその解除をすることができる。 2 当事者の一方が相手方に不利な時期に委任の解除をしたときは、その当事者の一方は、相手方の損害を賠償しなければならない。ただし、やむを得ない事由があったときは、この限りでない。	651条(委任の解除) 委任は、各当事者がいつでもその解除をすることができる。 2 前項の規定により委任の解除をした者は、次に掲げる場合には、相手方の損害を賠償しなければならない。ただし、やむを得ない事由があったときは、この限りでない。 一 相手方に不利な時期に委任を解除したとき。 二 委任者が受任者の利益(専ら報酬を得ることによるものを除く。)をも目的とする委任を解除したとき。

2)判例の修正 ――受任者の利益も目的とする委任の解除　問題は、**委任が受任者の利益も目的としている場合**でも、以上のようにあつかってよいかどうかです。これは、たとえば、次のような場合に問題となります。

【ケース25】

Aは、Bに100万円を貸していたが、その返済を受ける代わりに、Bに対して、AがCに対して持っている1000万円の債権甲の取立てを委任し、その報酬を100万円とする――この報酬100万円で、BがAに100万円を返したことにする――ことを合意した。ところが、その後、Aは、経済状態が悪化し、すぐに現金が必要になったため、Bへの委任を解除し、Bに対し100万円を返済するよう求めた。

このケースの委任――債権の取立てを委任するもので、「**取立委任**」といいます――は、委任者Aの利益になりますが、受任者Bにとっても、取立てをすれば報酬が得られて、それで自分の借金を返済することができるという利益があります。

	旧　法	改 正 法
①相手方に不利な時期の解除	任意解除可＋損害賠償	任意解除可＋損害賠償
②受任者の利益も目的とする委任の解除 もっぱら報酬を得る目的は除外	原則　任意解除不可(判例) 例外　任意解除可(判例) 委任者が解除権を放棄したと解されない事情	任意解除可＋損害賠償
③やむを得ない事由による解除	任意解除可(判例)(損害賠償不要)	任意解除可(損害賠償不要)

これまでの判例は、このような受任者の利益も目的とした委任については、原則として、任意解除は認められないとしていました。ただし、**委任者が任意解除権を放棄したとまではいえない事情**があるときは、任意解除を認めてよいとしてきました。

これによると、委任が受任者の利益も目的としているかどうかが大きな問題となるわけですが、判例によると、**もっぱら報酬を得るため**だけであれば、受任者の利益を目的としている場合にあたらないとされてきました。

これに対して、**改正法**は、委任が受任者の利益も目的としているときでも、**任意解除**は認めたうえで、受任者の利益は、**損害賠償**を認めることで考慮すれば足りるとしました(改正法651条2項)。受任者の利益も目的としているといっても、信頼を失った受任者に自分の事務の処理を委任し続けることは、委任者に期待できないことに変わりはありません。受任者の利益は、それにみあった損害賠償がされるならば、それで十分であると考えたわけです。ただ、もっぱら報酬を得る目的では、受任者の利益も目的とする場合にあたらない――したがって損害賠償を認める必要はない――とされています。

このように、改正法は、これまでの判例を基礎にしながら、それを一部修正したものということができます。

(イ)錯　誤　　第2の例は、**錯誤**に関する規定です(改正法95条)。これは、契約などをしようとして意思表示をするときに、思い違いがあった場合に、その意思表示の効力を否定することができるかどうかという問題に関する規定です。とても重要な規定ですので、少しくわしく紹介しておきましょう。

【ケース 26】
①A は、自宅用に使うために、B に、トイレットペーパーを 10 グロス配達するよう注文した。10 グロスとは、12×12×10＝1440 個を意味するが、A は、6 個入り 1 パックがグロスのことだと勘違いしていた。
②A は、B から、版画甲を 1000 万円で購入した。甲にはピカソの署名が入っていたので、A は、甲が本物のピカソのオリジナル版画だと思っていたが、後で調べてみると、甲は偽物であることがわかった。

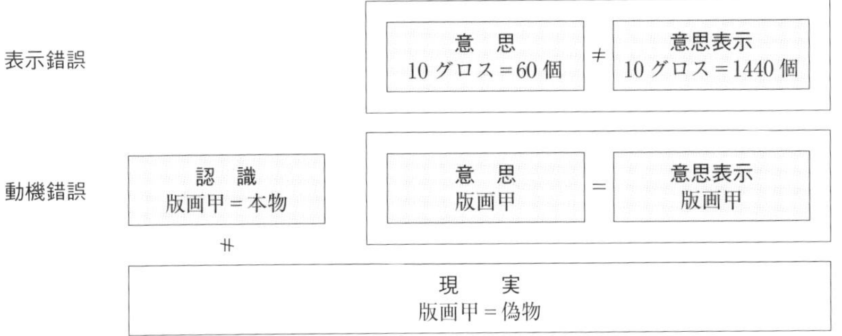

1)錯誤とは　①では、A は、「10 グロスを買う」という意思表示——これは客観的には 1440 個を買うことを意味します——をしていますが、本当は 6 個入り 1 パックのものを 10 パック買う、つまり 60 個を買うつもりでした。このように、外に対してした意思表示と心の中の意思が食い違っている——意思表示に対応した意思がない——場合を、「**表示錯誤**」といいます。

②では、A は、「版画甲を 1000 万円で買う」という意思表示をしています。実際、A は、版画甲を 1000 万円で買うという意思も持っていたと考えられます。したがって、①と違って、表示錯誤はありません。しかし、A が「版画甲を 1000 万円で買う」という契約をしたのは、「版画甲が本物のピカソのオリジナル版画だと思った」からです。このような契約をするときの基礎とした事情(版画甲が本物のピカソのオリジナル版画であること)についての認識(そう思ったこと)を「**動機**」といいます。このケースでは、版画甲は偽物だったわけです

旧 法	改 正 法
95条（錯誤） 意思表示は、法律行為の要素に錯誤があったときは、無効とする。ただし、表意者に重大な過失があったときは、表意者は、自らその無効を主張することができない。	**95条（錯誤）** 意思表示は、次に掲げる錯誤に基づくものであって、その錯誤が法律行為の目的及び取引上の社会通念に照らして重要なものであるときは、取り消すことができる。 一　意思表示に対応する意思を欠く錯誤 二　表意者が法律行為の基礎とした事情についてのその認識が真実に反する錯誤 2　前項第2号の規定による意思表示の取消しは、その事情が法律行為の基礎とされていることが表示されていたときに限り、することができる。 3　錯誤が表意者の重大な過失によるものであった場合には、次に掲げる場合を除き、第1項の規定による意思表示の取消しをすることができない。 一　相手方が表意者に錯誤があることを知り、又は重大な過失によって知らなかったとき。 二　相手方が表意者と同一の錯誤に陥っていたとき。 4　（略）

ので、この認識が真実に反していました。これを「**動機錯誤**」といいます。

これまでの民法では、単に「錯誤があった」と定めていただけでした（旧95条）。しかし、そこでいう「錯誤」には、表示錯誤のほか、動機錯誤も含まれると解釈されてきました。**改正法95条1項**では、「錯誤」には、表示錯誤（1号）と動機錯誤（2号）が含まれることが明文で定められることになりました。

2）「法律行為の要素」の明確化　これまでの民法では、「法律行為の要素」に錯誤があったことが必要とされていました。しかし、「法律行為の要素」といわれても、それが何を意味するか、よくわかりません。

これについて、判例は、錯誤がなければ、意思表示をする人――これを「**表意者**」といいます――はそのような意思表示をしなかったと考えられるし（**主観的因果性**といわれます。）、普通の人でもそのような意思表示をしなかったと考えられること（**客観的重要性**といわれます。）が必要であると解釈してきました。

改正法95条1項は、それをもとに、その錯誤が「**法律行為の目的及び取引上の社会通念に照らして重要なものである**」ことが必要であると定めました。これは、判例と表現が違いますが――特に主観的因果性にあたる部分が書かれていません――、判例の考え方を変更するものではないと説明されています。

「法律行為の目的及び取引上の社会通念に照らして」と付け加えられている

のは、思い違いがあるかもしれないリスクを誰がどこまで引き受けているかということについての当事者間の合意やその種の取引に関する通常の理解などが考慮されることを示しています。たとえば、保証人が保証を引き受けるときに、ほかにも十分な担保があるから自分が責任を問われることがないかどうかは、通常は、保証人の側で引き受けるべきリスクだと考えられますので、その点についての錯誤は「重要なもの」ではないとされることになります。

3)効果の変更　次に、錯誤が認められる場合の**効果**は、これまでの民法では、「**無効とする**」だったのですが、改正法では、「**取り消すことができる**」に改められています(改正法95条1項)。これは、錯誤があるというだけでは、意思表示は無効ではなく、表意者が実際にその意思表示を取り消したときに、はじめて意思表示は無効だったことになるということです(改正法121条)。

もっとも、これまでの民法でも、錯誤がある場合に意思表示が「無効」とされるのは、錯誤をした表意者を保護するためです。そうすると、「無効」だと主張できるのは、錯誤をした表意者だけであり、錯誤をしていない相手方が無効だと主張することを認めるべきではありません。これまでの判例・学説は、旧95条の「無効」の意味をそのように解釈してきました。これを、片方の側だけが無効だと主張できるという意味で「**相対的無効**」といいます。表意者の側だけに取消しを認めることとすれば、この相対的無効は、取消しと実際には同じです。その意味で、改正法95条は、これまでの判例・学説の考え方を変えるものではなく、それをより合理的に定めたということができます。

4)動機錯誤の場合に意思表示の効力が否定されるための要件　先ほど紹介したように、錯誤の中でも、表示錯誤と動機錯誤が区別されるのは、これまでの民法のもとにおいても、**動機錯誤**について無効が認められるために**特別な要件**が必要とされてきたためです。この点は、改正法においても同じです。

まず、これまでの民法のもとでは、**判例**によると、動機錯誤については、「**動機が表示されて法律行為の内容になった**」ときに、無効が認められるとされてきました。もっとも、一般的な表現としてはそうなのですが、判例法の実際をどのように理解できるかという点について、争いがありました。

まず、動機に錯誤があっても(版画甲が本物と思ったのに偽物だった)、原則として表意者がそのリスク(本物と思って買った版画甲が偽物であるのに1000万円を払わなければならないというリスク）を負担すべきであり、意思表示は有効である（Bに1000万円を払わなければならない）。そのリスクを相手方に負わせる（Aが本物と思って買った版画甲が偽物であるときは、Bは1000万円を払ってもらえないとする）ためには、そのような合意をする必要がある。したがって、原則として、動機が**「法律行為の内容」**になった（「本物である版画甲を1000万円で買う」と契約した）ことが必要である。ただ、相手方が表意者の錯誤を引き起こした（版画甲は本物であるとBが説明をするなどしたためにAが錯誤をした）ときは、相手方が錯誤のリスクを負うべきである（Aが本物と思って買った版画甲が偽物であるときは、Bは1000万円を払ってもらえない）。この場合に、判例はしばしば、動機が少なくとも**黙示的に表示された**――黙っているけれどもその場の状況や言動などから表示したとわかる――としているというのが1つの理解です（これを「**内容化重視説**」といいます。）。

これに対して、動機錯誤は相手方からはうかがい知れない事情であって、それで無効にすると、相手方の信頼を害する（版画甲を1000万円で買うという表示を信じて契約をしたのに無効とされてしまう）。しかし、動機が表示されていれば（版画甲は本物だと思うので1000万円で買うと告げる）、無効とされても、相手方の信頼を害することにならないというのがもう1つの理解です（これを「**動機表示重視説**」といいます。）。

改正法の審議の際には、どちらの理解にしたがって要件を定めるべきかということをめぐって、議論が紛糾しました。結論として、この場合の取消しは、「**その事情が法律行為の基礎とされていることが表示されていた**ときに限り」、することができるとされました（改正法95条2項）。これは、これまでの**判例法を変更するものではない**と説明されていますが、判例法の理解が分かれていたわけですので、今後も解釈が分かれる可能性があります。

先ほどの**動機表示重視説**によると、動機が表示されていたことが要件であるという考え方がそのまま採用されたとみることになるでしょう。ただ、動機が表示されていても、「法律行為の内容」になっていないとして、錯誤無効を認めなかった裁判例も少なくありませんので、それでは判例法を変更したことになってしまいます。

これに対して、**内容化重視説**によると、「その事情が法律行為の基礎とされていたことが表示されていた」というのは、単なる表示では足りず、「法律行為の内容」になっている場合を指していると理解されます。では、そう書けばよいではないかと思われるかもしれませんが、そう書くと、これまで黙示的に動機の表示があるとされてきた場合、特に相手方によって動機錯誤が引き起こされた場合をカバーできません。そこで、改正法 95 条 2 項では、「表示されていた」という表現が採用されたと理解されることになるでしょう。

もともと判例法は一元的に理解することがむずかしいのに、それを無理に一元的に定めようとしたために、今後も解釈が複雑にならざるをえなくなっているということができそうです。

5) 表意者に重過失がある場合の例外ルールの明文化　これまでの民法によると、以上の要件をみたしたときでも、錯誤をしたことについて表意者に「**重大な過失**」――「重過失」ともいいます――があるときは、例外的に、表意者は無効を主張することができないとされていました。改正法でも、同様に、表意者は取消しをすることができないとされています(改正法 95 条 3 項本文)。

改正法では、さらに例外の例外として、ⓐ相手方が表意者に**錯誤があることを知り**――このように、事実を知っていることを「**悪意**」といいます――、または**重大な過失によって知らなかった**――このように、事実を知らなかったことを「**善意**」といいます――とき、あるいは、ⓑ相手方が表意者と**同一の錯誤**におちいっていたときは、取消しが認められるとしています。このような相手方が、表意者に重過失があるから取り消せないと主張することを認めるべきではないと考えられるからです。これは、これまでの民法のもとでも学説によって主張されていた考え方を明文で示したものです。

	錯誤取消しの要件	例外要件	例外の例外要件
表示錯誤	①意思表示に対応する意思の欠如 ②①の錯誤＝重要	表意者の重過失	ⓐ相手方の悪意又は重過失
動機錯誤	①基礎事情の認識が真実に反する ②その事情が法律行為の基礎とされていることの表示 ③①の錯誤＝重要		ⓑ同一の錯誤

2．民法の現代化——社会・経済の変化への対応

ここまで紹介してきたのは、民法の透明化、つまり民法を国民一般にわかりやすいものとする改正でした。そうした改正は、数の上ではかなりの分量をしめるのですが、考えてみれば、もっと早くこまめに見直しをしていれば、ここまで大きな改正を一気にする必要はなかったというべきでしょう。120年ものあいだ、メンテナンスをしてこなかったツケが回ってきた結果だということもできそうです。

しかし、今回の改正は、このようなものにかぎられません。もう1つの目的として、この間の社会・経済の変化に対応するためにも、改正がおこなわれています。次に、そうした**民法の現代化**のための改正を紹介していくことにしましょう。

こうした民法の現代化として、少なくとも次の2つのものをあげることができます。

第1は、**取引活動の合理化**です。これはさらに、**取引環境・社会情勢の変化に対応**するもの、**取引の迅速化**をはかるもの、**取引のインフラを整備**するものに分かれます。

第2は、**契約の尊重**と**格差の是正**です。

- 民法の現代化
  - 取引活動の合理化
    - 取引環境・社会情勢の変化への対応
    - 取引の迅速化
    - 取引のインフラの整備
  - 契約の尊重と格差の是正

1 取引活動の合理化

まず、**取引活動の合理化**を進めるためにおこなわれた改正からみていくことにしましょう。

(1)取引環境・社会情勢の変化への対応

その1つめは、**取引環境・社会情勢の変化に対応**するためにおこなわれた改正です。たくさんあるのですが、ここでは3つの例を紹介しておきましょう。

(a) **契約の成立時期**

第1は、**契約の成立時期**に関する規定の改正です。

民法の基本原則は、意思表示は、相手方に**到達した時**から効力を生じるというものです。到達してくれないと、意思表示の内容を知りようがないわけですから、これは当然です。この原則は、これまでの民法でも改正法でも、変わりません(旧法97条1項、改正法97条1項)。

旧　法	改 正 法
97条(隔地者に対する意思表示) 隔地者に対する意思表示は、その通知が相手方に到達した時からその効力を生ずる。 2 （略）	**97条(意思表示の効力発生時期等)** 意思表示は、その通知が相手方に到達した時からその効力を生ずる。 2 （略） 3 （略）
526条(隔地者間の契約の成立時期) 隔地者間の契約は、承諾の通知を発した時に成立する。 2 （略）	削　除

しかし、**契約**に関しては、これまでの民法では、「承諾の通知を発した時」に成立するとされていました(旧526条1項)。

これは、今から**120年前**の明治時代では、通信手段がまだ十分に発達していなかったことを背景としています。当時は、通知を発信してから到達するまで時間がかかりますし、確実に到達する保証もありませんでした。

そうすると、申込みを受けて承諾の通知を発した人は、実際に承諾が相手に到達するまで、契約を履行する準備にかかることができません。それは不便だというので、このような契約の成立時期に関する特別なルールが定められたわけです。

これに対して、**改正法**では、この契約の成立時期に関する特別ルールは**削除**されています。ということは、原則である97条がここでもあてはまることになります。つまり、承諾が相手に到達した時に契約が成立することになります。

これは、現在では、**通信手段が発達**して、到達するまで時間がかからなくなっているし、ほぼ確実に到達するので、契約の成立時期について例外を定める必要がなくなったためです。まさに民法制定以来の社会・経済の変化への対応をはかるものということができます。

(b)**請負契約の解除**

第2は、**請負契約の解除**に関する規定の改正です。これは、次のような場合に問題となります。

【ケース27】
Aは、建設会社Bと、Aが所有する土地甲の上に建物乙を5000万円で建築してもらうという契約をした。その後、Bが乙を完成し、5000万円の支払と引換えに乙をAに引き渡してしばらくしてから、乙に使われていた鉄筋が契約で指定されていたものと異なり、強度に重大な問題があることがわかった。

このケースでは、建物を建築するという仕事を依頼し、その仕事が完成すれば5000万円という報酬を支払うという契約がされています。このような契約を「**請負**契約」といいます。仕事を依頼し、報酬を支払う人を「**注文者**」、仕事を依頼されてする人を「**請負人**」といいます。

これまでの民法では、物を作るという仕事を内容とする請負契約をした場合に、それにより作られる物——これを「**仕事の目的物**」といいます——に**瑕疵**——これはキズという意味で、欠陥に相当します——があり、契約をした目的を達することができないときは、注文者は、契約の解除をすることができるとされていました(旧635条本文)。

旧法	改正法
635条(請負人の担保責任) 仕事の目的物に瑕疵があり、そのために契約をした目的を達することができないときは、注文者は、契約の解除をすることができる。ただし、建物その他の土地の工作物については、この限りでない。	削　除 →　契約解除の一般原則どおり

ただ、仕事の目的物が「**建物その他の土地の工作物**」であるときは、解除が認められないとされていました(旧635条ただし書)。つまり、建物を建築するという仕事を頼んだ場合に、建築された建物に重大な欠陥があって、契約した目

的を達することができないときでも、注文者は契約を解除できないわけです。これによると、A は、契約を解除して、B に対し、払った 5000 万円を返せと求めることはできないことになります。

これは、今から **120 年前**の明治時代では、解除を認めて建物などを取り壊さなければならないとすると、社会全体にとって大きな損失が生じるし、請負人に大きな負担がかかってしまい、産業を保護することができないと考えられたためです。

しかし、**改正法**では、この規定は**削除**することになりました。通常の契約と同じように、解除を認めるということです。

これは、重大な瑕疵があるために、取り壊すしかないような建物を残しても意味がない。注文者に使えもしない建物を押しつけて、大きな負担を強いるだけである。しかも、請負人は、重大な瑕疵のある建物を作ったのだから、大きな負担を受けても当然であるという理由によります。これも、社会・経済の変化に対応した例の１つです。

(c)**法定利率・中間利息の控除**

第３は、**法定利率と中間利息の控除**に関する規定の改正です。

(ア)法定利率　　まず、利率には、約定利率と法定利率があります。**約定利率**(やくじょうりりつ)は、たとえば利息が生じる契約(お金を貸す契約など)をするときに、当事者がその利息の利率を合意する(たとえば「年2%」と合意する)場合です。それに対して、**法定利率**は、法律で定められた利率です。これは、利息が生じる契約をした場合に、当事者が利率を合意しなかったときのほか、法律の規定によって利息が生じる場合に、適用されます。これまでの民法では、法定利率は、**年 5%** とされていました(旧 404 条)。

しかし、これまでの 20 年ほどのあいだ、お金を貸し借りするときの利率(金利と呼ばれたりもします。)は非常に低くなり、日銀がマイナス金利を導入するといったことなどもありました。そのため、法定利率が年 5% とされているのは、経済の実情にあわないと意識されるようになりました。もちろん、金利は、経済情勢に応じて高くなったり低くなったりするものですので、これから先は、また高くなっていくかもしれません。むしろ、問題は、法定利率を一定のパーセンテージに固定して定めていることだということができます。

旧 法	改 正 法
404条(法定利率) 利息を生ずべき債権について別段の意思表示がないときは、その利率は、年5分とする。	**404条(法定利率)** 利息を生ずべき債権について別段の意思表示がないときは、その利率は、その利息が生じた最初の時点における法定利率による。 2 法定利率は、年3パーセントとする。 3 前項の規定にかかわらず、法定利率は、法務省令で定めるところにより、3年を1期とし、1期ごとに、次項の規定により変動するものとする。 4 各期における法定利率は、この項の規定により法定利率に変動があった期のうち直近のもの(以下この項において「直近変動期」という。)における基準割合と当期における基準割合との差に相当する割合(その割合に1パーセント未満の端数があるときは、これを切り捨てる。)を直近変動期における法定利率に加算し、又は減算した割合とする。 5 前項に規定する「基準割合」とは、法務省令で定めるところにより、各期の初日の属する年の6年前の年の1月から前々年の12月までの各月における短期貸付けの平均利率(当該各月において銀行が新たに行った貸付け(貸付期間が1年未満のものに限る。)に係る利率の平均をいう。)の合計を60で除して計算した割合(その割合に0.1パーセント未満の端数があるときは、これを切り捨てる。)として法務大臣が告示するものをいう。

そこで、**改正法**は、法定利率を一定の期間ごとに経済情勢に応じて変動させるという制度を導入することにしました(改正法404条)。これを法定利率の「**変動制**」といいます。規定は、かなり複雑そうですが、大まかな流れをまとめると、次のとおりです。

①最初(改正法が施行された時)は、法定利率は**3%でスタート**します。

②その後、**3年ごと**に法定利率の見直しをおこないます。

③その際には、まず、**過去5年間の毎月の平均利率**(短期貸付けの平均利率)について**平均をとった割合**(0.1%に満たない端数は切り捨てます。)――これを「**基準割合**」といいます――と、最後に法定利率を変更した期――これを「**直近変動期**」といいます――(変動がなかったときは改正法が施行された時の期)の**基準割合との差**をとります。

④この差(**1%に満たない端数は切り捨てます。**)を直近の法定変動期の法定利率に加算し、または減算した割合を新たな法定利率とします。

変動制といいますと、頻繁に上下動を繰り返すようなイメージがあります。

しかし、それでは、世の中が混乱するかもしれません。そこで、②見直しは3年ごととし、③過去5年の平均との差を基準にすることによって、一時的に平均利率に大きな変動があるだけでは、法定利率が変わらないようにしているほか、④変動の幅が1%を超えなければ、法定利率は変わらないようにしています。変動制といっても、**急激に大きく変化したり、短期的に細かく変化したりすることがない**ような仕組みをとることによって、経済情勢の変化への対応と安定性の要請との調和をはかろうとしているわけです。

(イ)中間利息の控除　法定利率がこのように改正されたとしても、お金を貸し借りするときや銀行に預金をするときは、利率は契約で決めるのが通常ですから、法定利率が問題になることはあまりありません。実際に法定利率の改正が大きな意味を持ってくるのは、特に、**損害賠償の額を決めるとき**です。

【ケース28】

Aは、骨折を治療するため、外科医Bが開いている病院に入院して手術を受けた際に、Bのミスのために大量出血を起こし、死亡してしまった。Aは47歳の会社員で、500万円の年収があった。

1)損害賠償請求権　このケースのAは、骨折を治療するために入院して手術を受けるという契約――これは「医療契約」の1つです――をBとしています。Bが外科医として必要な注意をして手術をする義務を負うことは、この契約の当然の内容になっているということができます。したがって、Aの遺族は、Bに対して、契約上の義務違反――これを「**債務不履行**」といいます――によって生じた損害の賠償を求めることができます(415条)。

また、この場合は、Bが外科医として必要な注意をして手術をする義務に違反したわけですから、過失によってAの権利(生命)を侵害した――これを「**不法行為**」といいます――とみることもできます。したがって、Aの遺族は、Bに対して、不法行為によって生じた損害の賠償を求めることもできます(709条)。Aの遺族は、債務不履行と不法行為のどちらを選んでもよいということです。

2)損害賠償額の算定方法　この場合にAが受けた損害として考えられるのは、

手術のミスで死亡しなかったとすれば、そのまま会社で働き続けることによって得られたはずの収入が得られなくなってしまったことです。これを、手に入れられずに失ってしまった利益という意味で、「**逸失利益**（いっしつりえき）」といいます。

もちろん、実際にはAは死亡しているのですから、将来はどうなったかわかりません。そこで、一応の予測として、Aが死亡する時に得ていた収入を、残りの働くことができる年数——これを「**就労可能年数**」といいます（一応の目安として67歳ぐらいまでと考えます）——までずっと手にすることができたと想定して、逸失利益を計算するのが、一般的です。ただ、生きていれば、生活をしなければなりませんので、生活費に使っていたはずの分は差し引く必要があります。これは、家族構成によって違ってきますが、扶養家族が2人以上いる場合は、30%ぐらいとされています——これを「**生活費控除率**」といいます——。これによると、単純に計算すれば、500万円の70%（350万円）の20年分、7000万円の損害を受けたことになりそうです。

しかし、Aが生きていたとしても、Aは、毎年350万円ずつ手にすることができただけであって、47歳の時点で7000万円を手にすることはできません。損害賠償として47歳の時点で7000万円を手にできるとすると、これを預金したり、貸したりすることによって、今後20年間の利息分を得ることができます。これは、本当は手にすることができなかったはずの利益ですので、損害賠償の額から差し引く必要があります。これが、「**中間利息の控除**」です。

逸失利益＝（死亡時の年収額×生活費控除率×就労可能年数）－中間利息

3）中間利息の控除の基準　このように中間利息を控除するときの利率は、**法定利率**によります。これまでの民法には規定がなかったのですが、判例は法定利率によるとしてきました（実際の計算は複利計算をする必要があるなど、複雑な計算式によることになりますが、ここでは省略します。）。

問題は、これまでの法定利率は5%で固定されていたことです。特にこの20年ほどの間は、低金利の時代が続いています。実際に7000万円を手にしても、それを預金したり、貸したりすることで得られる利息は、きわめてわずかです。ところが、機械的に法定利率である5%で中間利息を控除しますと、実際に得られる利息よりも高額の利息が損害賠償額から差し引かれることになります。つまり、それだけ、被害者が手にすることができる金額が少なくなってしまうわけです。これも、法定利率が実際の経済情勢を反映していないことによって生じる不都合の1つといってよいでしょう。

改正法は、このような問題に対処するために、先ほどのように、法定利率を変動制に変え、中間利息の控除をするときは、「**損害賠償の請求権が生じた時点における法定利率**」によるとしました(改正法417条の2・722条1項)。

旧　法	改　正　法
	417条の2(中間利息の控除) 将来において取得すべき利益についての損害賠償の額を定める場合において、その利益を取得すべき時までの利息相当額を控除するときは、その損害賠償の請求権が生じた時点における法定利率により、これをする。 2　将来において負担すべき費用についての損害賠償の額を定める場合において、その費用を負担すべき時までの利息相当額を控除するときも、前項と同様とする。
722条(損害賠償の方法及び過失相殺) 第417条の規定は、不法行為による損害賠償について準用する。 2　(略)	**722条(損害賠償の方法、中間利息の控除及び過失相殺)** 第417条及び第417条の2の規定は、不法行為による損害賠償について準用する。 2　(略)

ケース28ですと、BのミスによってAが死亡した時に損害賠償請求権が発生しますので、この時点での法定利率で中間利息を計算することになります。これまでの民法ですと、法定利率は5%でしたので、計算すると、逸失利益の額は、4361万7000円になりました。改正法が施行されますと、最初は3%となりますので、これまでよりも2%分、控除される金額が減ることになります。計算すると、逸失利益の額は、5206万9500円になります。改正によって、被害者が手にすることができる金額がかなり多くなるわけです。実生活に対する影響は、非常に大きいといってよいでしょう。

これは、損害賠償について保険がかけられているときに、保険会社が支払う保険金の額も多くなることを意味します。そうすると、保険料も高くなる可能性があるなど、さまざまな影響が出てくると予想されます。

(2)取引の迅速化

取引活動の合理化を進めるためにおこなわれた改正の２つめは、**取引の迅速化**をはかるものです。**時効**に関する改正が、その代表例です。

(a)時効とは

時効とは、①権利が行使されていない状態が一定期間続いた場合にその権利は消滅するとしたり、②権利が行使されている状態が一定期間続いた場合にその権利を取得したものとしたりする制度です。①を「**消滅時効**」、②を「**取得時効**」といいます。

今回の改正で特に見直しがおこなわれたのは、**債権の消滅時効**に関する規定です。「**債権**」とは、前に説明しましたように、債権者が債務者にあることをしてもらう権利です。代金を払ってもらう権利、貸したお金を返してもらう権利、損害を賠償してもらう権利などがその代表例です。

(b)職業別の短期消滅時効の廃止

これまでの民法では、次頁の一覧表に示したように、職業に応じて、債権が何年で時効にかかるか、細々とした規定がおかれていました。たとえば、飲み屋のツケの時効という例が、民法改正に関する新聞やテレビの報道でよく取り上げられていました。これは、下から２つめで、料理店、飲食店の飲食料にかかる債権ですが、１年で時効にかかるとされていました。それにしても、よくもまあ、これだけいろいろ区別して定めたものだと思われるでしょう。

改正法では、これらはすべて**削除**することとされました。

それは、時代の変化によって職業や契約内容が多様化してきて、ここに書かれているものによく似たタイプの職種などが生じてきたため、どの規定が適用される債権なのか、判断がむずかしくなってきたためです。しかも、時代の変化にともなって、ここに書かれている債権とその他の債権とでなぜ時効期間が違うか、合理的な説明をすることができなくなっていることも、見直しがされた理由です。

170条	1号	医師、助産師又は薬剤師の診療、助産又は調剤に関する債権	3年
	2号	工事の設計、施工又は監理を業とする者の工事に関する債権	
171条		弁護士又は弁護士法人、公証人の書類返還債務	
172条	1項	弁護士、弁護士法人又は公証人の職務に関する債権	2年
173条	1号	生産者、卸売商人又は小売商人が売却した産物又は商品の代価に係る債権	
	2号	自己の技能を用い、注文を受けて、物を製作し又は自己の仕事場で他人のために仕事をすることを業とする者の仕事に関する債権	
	3号	学芸又は技能の教育を行う者が生徒の教育、衣食又は寄宿の代価について有する債権	
174条	1号	月又はこれより短い時期によって定めた使用人の給料に係る債権	1年
	2号	自己の労力の提供又は演芸を業とする者の報酬又はその供給した物の代価に係る債権	
	3号	運送賃に係る債権	
	4号	旅館、料理店、飲食店、貸席又は娯楽場の宿泊料、飲食料、席料、入場料、消費物の代価又は立替金に係る債権	
	5号	動産の損料に係る債権	

(c)**消滅時効の一般原則**

では、削除するとどうなるかですが、**消滅時効の一般原則**が適用されることになります。

(ア)旧　法　　これまでの民法では、消滅時効は、「権利を行使することができる時」から進行します――このように時効の計算を始める時点を「**起算点**」といいます――(旧166条1項)。そして、債権は、10年間行使しないときは、消滅すると定められていました――このように時効に必要な期間を「**時効期間**」といいます――(旧167条1項)。これによると、「権利を行使することができる時」から10年たてば、債権は時効で消滅することになります。

旧 法	改 正 法
166 条(消滅時効の進行等) 消滅時効は、権利を行使することができる時から進行する。 2 略	166 条(債権の消滅時効) 債権は、次に掲げる場合には、時効によって消滅する。 一 債権者が権利を行使することができることを知った時から 5 年間行使しないとき。 二 権利を行使することができる時から 10 年間行使しないとき。 2 略 3 略
167 条(債権等の消滅時効) 債権は、10 年間行使しないときは、消滅する。 2 略	

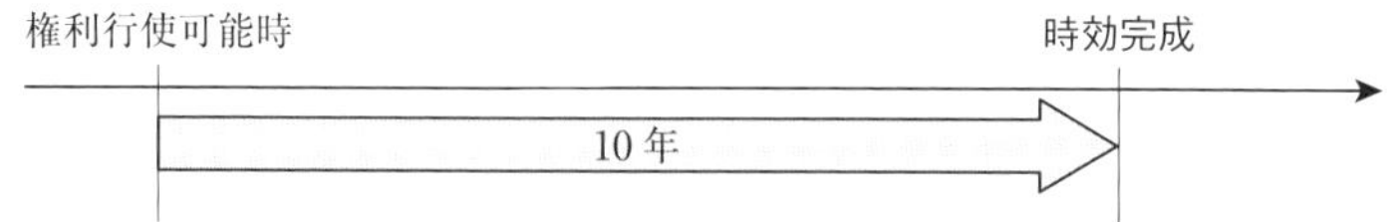

【ケース 29】

A は、2007 年 4 月 1 日に、C から購入した商品の代金を支払うために C の銀行口座に 10 万円を振り込むつもりで、関係のない B の銀行口座に 10 万円を振り込んでしまった。それから半年たった 2007 年 10 月 1 日に、A は、C からまだ 10 万円が支払われていないが、どうなっているのかという連絡を受け、調べたところ、誤って B の銀行口座に振り込んでいたことに気がついた。もっとも、その後、A は、仕事の忙しさに追われて、B に対して、間違って振り込んだ 10 万円の返還を求めるのを後回しにしてしまい、忘れてしまった。

このケースでは、A は、B に 10 万円を支払う理由はないわけですから、B に対して、間違って振り込んだ 10 万円を返すよう求める権利があります――これは不当利得返還請求権(703 条)にあたります――。この権利は、A が B に間違って 10 万円を支払った時から行使することができます。したがって、2007 年 4 月 1 日の時点で権利を行使することができますので、それから 10 年後の、2017 年 4 月 1 日に時効にかかる――これを時効が「**完成**」するといいます――ことになります。この権利はもう時効にかかっていると B が主張すれば――これを時効を「**援用**」するといいます――、A の権利(債権)は消滅することになります。

(イ)改正法　この一般原則は、**改正法**でも、維持されています(改正法166条1項2号)。しかし、改正法では、新たに、**債権者が権利を行使することができることを知った時から5年間**行使しないときも、債権は消滅するとされました(改正法166条1項1号)。

これは、①権利・義務があるかどうかの紛争は、できるかぎり早く結着をつけることが望ましい、②権利者が権利を行使できることを知ったときは、短い期間で権利を行使することが期待できるという理由によります。世の中のスピードが早くなっているので、それに対応しようというわけです。

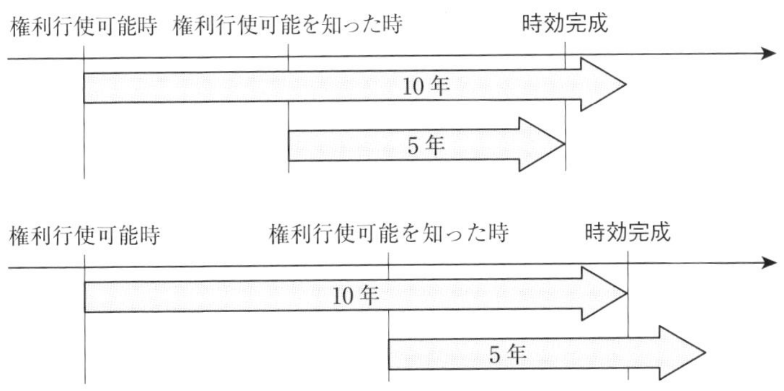

これによるとどうなるかといいますと、最初の権利を行使できる時――これは客観的に決まりますので「**客観的起算点**」といいます――からまだ**10年**たっていなくても、債権者が権利を行使できることを知った時――これは債権者の主観によって決まりますので「**主観的起算点**」といいます――から**5年**たてば、時効が完成することになります。ケース29では、2007年10月1日に、Aは、誤ってBの銀行口座に振り込んでいたことに気がついたわけですから、この時点で、権利を行使できることを知ったことになります。そうすると、この時点から5年後の2012年10月1日に、時効が完成することになります。

このケースではこのようになりますが、図の下のように、権利を行使できることを知った時が後の方だったときは、最初の権利を行使できる時から10年で時効が完成することになります。

(3) 取引のインフラ整備

取引活動の合理化を進めるためにおこなわれた改正の３つめは、**取引のインフラを整備**したものです。

民法は、もともと取引活動をおこなうための基礎になる主要な制度――たとえばはじめの方で紹介した物権や債権、契約などに関する制度――を用意することを重要な役割としています。このようなインフラがきちんと整備されていませんと、取引がスムーズに進まなくなったり、余計なコストがかかる手段しかとれなかったり、そもそも世の中のニーズに応じた商品やサービスなどの提供ができなくなったりしてしまいます。世の中のニーズは、時代の変化に応じて変わってくるものですので、こうした取引のインフラになる制度は、必要に応じて見直しをすることが求められます。

ところが、民法は、約 120 年の間、そうした改正をほとんどして来ませんでした。そのため、これまでは、民法に書かれていないルールを「解釈」によって認めることで対処してきました。しかし、それでは、これがルールだと思っていたら、実はそうでなかったり、簡単に変わってしまったりするおそれがありますので、安心して使うことができません。

そこで、今回の改正では、そうした取引のインフラにあたる制度を**世の中のニーズにあわせて合理的に**、かつ**安心して使うことができる**ように、あらためて整備し直すことを試みています。

ここでは、そのような改正として、次の４つの例を紹介しておきます。

(a) 将来債権の譲渡性

第１は、**将来債権の譲渡性**に関する規定の新設です。これは、例えば、次のような場合に問題となります。

【ケース 30】

リース会社 A は、メーカーから医療機器を購入して、それを多数の病院 B1 らに貸与し、その対価として毎月リ

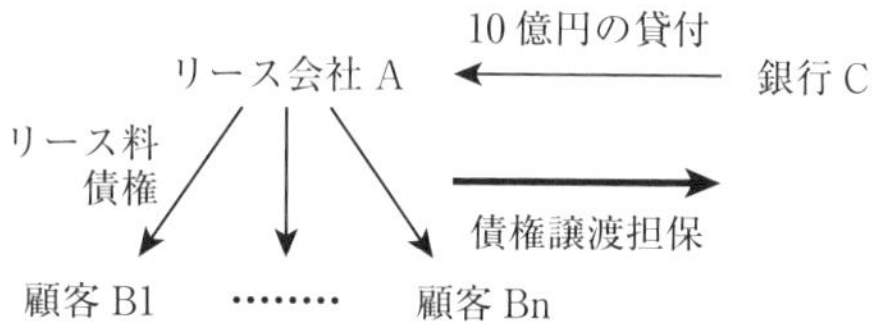

ース料を受け取るという事業をおこなっていた。その際、A は、医療機器の購入資金として C 銀行から 10 億円を借り入れ、その担保として、顧客である B1 らに対する現在および将来のリース料債権を C 銀行に譲渡した。

銀行から資金を借りる場合、通常は、その借りた資金を返すことができなくなる場合のための担保を銀行に提供する必要があります。リース会社の財産の主要なものは、顧客からリース料を払ってもらうという債権です。そこで、リース会社 A は、C 銀行から 10 億円を借り入れるための担保として、顧客である B1 らに対するリース料債権を提供しているわけです。これは、リース会社 A が銀行 C にこれらのリース料債権をひとまず譲渡しますが、実際に銀行 C がこれらの譲り受けたリース料債権を行使して、顧客 B1 らからリース料を取得できるのは、リース会社 A が銀行 C に 10 億円を返済できなくなった場合とされています。このような方法による担保を「**債権譲渡担保**」といいます。

ケース 30 では、リース会社 A は、顧客 B1 らに対して現在持っているリース料債権（まだ顧客 B1 らから払ってもらっていない過去分のリース料債権）だけでなく、これから先に毎月発生する将来のリース料債権も譲渡しています。これが「**将来債権の譲渡**」です。

この将来債権にあたるリース料債権は、リース会社 A が今後も医療機器を顧客 B1 らに使わせることによってはじめて発生するものです。ひょっとすると、顧客 B1 は、途中でさまざまな理由からリース契約をキャンセルしたりするかもしれません。つまり、この将来債権は、現時点（銀行 C から 10 億円を借り入れる時点）ではまだ発生していませんし、今後もかならず発生するとはかぎりません。そのような将来債権をいま譲渡することを認めてよいかどうかが問題となります。

この点について、**判例**には変遷がありましたが、いまでは、将来に債権が発生する可能性がどの程度あるかにかかわりなく、原則として将来債権の譲渡は有効であるとしています。

改正法は、これを受けて、債権の譲渡は、その意思表示の時に「債権が現に発生していることを要しない」と定めて、将来債権の譲渡も**有効**である――将来債権の譲渡だというだけで無効にならない――ことを明確に示すこととしました(改正法466条の6第1項)。その上で、この場合は、将来に債権が実際に発生すると、譲受人(銀行C)が当然にその債権を取得することとされています(改正法466条の6第2項)。

旧法	改正法
	466条の6(将来債権の譲渡性) 債権の譲渡は、その意思表示の時に債権が現に発生していることを要しない。 2 債権が譲渡された場合において、その意思表示の時に債権が現に発生していないときは、譲受人は、発生した債権を当然に取得する。 3 (略)

(b)**債務引受**

第2は、**債務引受**(さいむひきうけ)に関する規定の新設です。

(ア)債務引受とは　**債務引受**とは、債務者が債権者に対して負っている債務を他の者が引き受けることをいいます。この場合の債務を引き受けた他の者を「**引受人**(ひきうけにん)」といいます。この債務引受には、債務者が債務を負ったままかどうかによって、2つの種類に分かれます。

【ケース31】

①A銀行は、B会社に1000万円を貸し付ける際に、B会社の社長Cも1000万円をA銀行に返済するという債務を負うことを合意した。

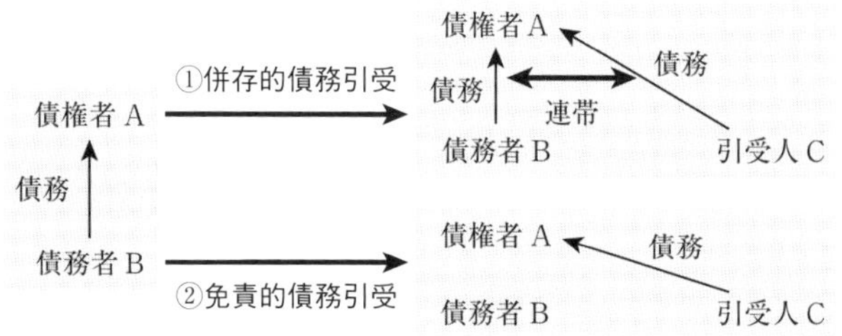

②A銀行は、3年後に返してもらう約束でB会社に1000万円を貸し付け、その担保として、B会社が所有する土地甲(時価1500万円)に抵当権の設定を受けた。その後、B会社は、甲をCに売却する際に、甲の代金を

> 500 万円とするかわりに、B 会社が A 銀行に 1000 万円を返済するという債務を C が肩代わりすることを合意した。

①では、B 会社が A 銀行に債務を負ったまま、引受人 C が同じ債務を A 銀行に負っています。この場合は、引受人 C が債務者である B 会社と連帯債務を負ったことになります。これを「**併存的債務引受**」といいます。債権者である A 銀行としては、1000 万円を返してもらえる可能性が高まりますので、担保を提供してもらったのと同じことになります。

②では、B 会社は A 銀行に負っていた債務をまぬがれて、引受人 C が同じ債務を A 銀行に負うことになります。これを「**免責的債務引受**」といいます。

C がいま 1500 万円をすぐに支払えるのであれば、そのうちの 1000 万円で B 会社が A 銀行に負っている債務を弁済して、A 銀行の抵当権を消すことができます。免責的債務引受のような面倒なことをする必要はないでしょう。

しかし、A 銀行に返せばよいのは 3 年後ですので、いま 1000 万円を払う必要はありません。もちろん、C は、免責的債務引受をしなくても、B 会社から甲を 500 万円で買うことはできます。これは、3 年後に B 会社が A 銀行に 1000 万円を返してくれればよいのですが、そうでないと、A 銀行が抵当権を実行して、甲を競売にかけ、売れた代金から 1000 万円を回収することになります。それでは、C は、せっかく買った甲の所有権を失うことになります。

それに対して、C が免責的債務引受をしておきますと、たしかに C は 3 年後に A 銀行に 1000 万円を返さなければなりませんが、それができるならば、甲の所有権を失わずにすむわけです。また、B 会社も、C が免責的債務引受をしてくれるのであれば、自分の債務をまぬがれることができますので、500 万円で甲を C に売却しても、損はありません。

(ｲ)債務引受に関する規定の整備　**これまでの民法**には、債務引受についてまったく規定がありませんでした。しかし、ケース 31 をみてもわかるように、取引社会ではこのような債務引受を利用する実際のニーズがありますので、古くから判例・学説により債務引受をおこなう可能性が認められてきました。

改正法は、こうした判例・学説によって認められてきたルールをもとに、併存的債務引受と免責債務引受について必要なルールを明文化しました(改正法470条以下)。くわしい内容の紹介は省略しますが、これによって、債務引受という制度を安心して利用できるようになったということができます。

	併存的債務引受	免責的債務引受
要　件	①債権者･債務者･引受人の契約	①債権者･債務者･引受人の契約
	②債権者・引受人の契約	②債権者・引受人の契約 ＋債権者から債務者への通知
	③債務者・引受人の契約 ＋債権者から引受人への承諾	③債務者・引受人の契約 ＋債権者から引受人への承諾
引受人の抗弁	債務引受の効力発生時に債務者が主張できた抗弁を対抗可能	債務引受の効力発生時に債務者が主張できた抗弁を対抗可能
債務者が債権者に対して取消権・解除権を有する場合の引受人の履行拒絶	その取消権・解除権の行使によって債務者が債務をまぬがれるべき限度で債務の履行を拒絶可能	その取消権・解除権の行使によって債務者が債務をまぬがれることができた限度で債務の履行を拒絶可能
引受人が債務を弁済した場合の債務者に対する求償権	あ　り	な　し
担保の移転		①債権者は、あらかじめ又は同時に引受人に対する意思表示によって、引受人の債務に担保権を移すことが可能 ②引受人以外の者が担保権を設定した場合は、引受人の承諾が必要 保証については、保証人の書面による承諾が必要

(c)消費寄託

第3は、**消費寄託**に関する規定の改正です。

(ア)寄託・消費寄託とは　　まず、**寄託**とは、他人の物を保管する契約です。他人、つまり保管を頼む側の人を「**寄託者**」、保管を引き受ける側の人を「**受寄者**(じゅきしゃ)」、寄託される物を「**寄託物**」といいます。

消費寄託とは、この寄託物が消費できる物――これを「**消費物**」といいます――であり、寄託された物と同種・同等・同量の物を返還するという契約です。その代表例は、お金をあずけるもので、**預貯金契約**――「預金又は貯金に係る契約」(改正法666条3項)――です。

(ｲ)消費寄託に関する規定の整備　これまでの民法では、消費寄託は消費物を借りる契約と似ているとみて、消費貸借に関する規定を準用していました(旧666条)。

旧法	改正法
666条(消費寄託) 第5節(消費貸借)の規定は、受寄者が契約により寄託物を消費することができる場合について準用する。 2　前項において準用する第591条第1項の規定にかかわらず、前項の契約に返還の時期を定めなかったときは、寄託者は、いつでも返還を請求することができる。	**666条(消費寄託)** 受寄者が契約により寄託物を消費することができる場合には、受寄者は、寄託された物と種類、品質及び数量の同じ物をもって返還しなければならない。 2　第590条及び第592条の規定は、前項に規定する場合について準用する。 3　第591条第2項及び第3項の規定は、預金又は貯金に係る契約により金銭を寄託した場合について準用する。

1)消費貸借に関する規定の準用　しかし、消費寄託と消費貸借が似ているのは、受け取った消費物を消費することができ、後でそれと同種・同等・同量の物を返すところだけです。

消費貸借に関する規定のうち、受け取った物が契約内容に適合してない場合にどのような物を返せばよいかという問題――**契約不適合の場合の返還義務**――に関する規定(改正法590条)と、受け取った物と同種・同等・同量の物を返還することができない場合に何を返せばよいかという問題――**価額の償還**――に関する規定(改正法592条)は、消費寄託に準用しても問題はありません。

改正法は、準用が認められる規定をこの2つに限っています(改正法666条2項)。

2)寄託に関する規定の適用　これに対して、同じ消費物を対象とするとしても、それを借りるという契約と保管するという契約とでは、やはり違いがあると考えられます。これは、とりわけ、いつ返さなければならないかという問題――**返還の時期**――についてあらわれてきます。

消費貸借――借りるという契約――の場合は、返す時期を定めていなければ、**貸主**はいつでも――一定の猶予期間をおく必要はありますが――返せと求めることができます(改正法591条1項)。返す時期を定めていれば、貸主の方からそれより前に返せと求めることを許すわけにはいきません。

逆に、**借主**の方は、いつでも返すことを認めてよいでしょう(改正法591条2項)。ただ、特に利息つきで貸している場合は、約束した時期より前に返されますと、貸主の方に損害が生じる可能性があります。その賠償は認めるべきでしょう(改正法591条3項)。

それに対して、**寄託**——保管するという契約——の場合は、**寄託者**は、自分があずけた物なのですから、返す時期を定めていなかったときはもちろん、定めていたときでも、いつでも返せと求めることができてしかるべきでしょう(改正法662条1項)。ただ、特に有償で保管する場合がそうですが、約束した時期より前に返してしまいますと、受寄者の方には損害が生じる可能性があります。その賠償は認めるべきでしょう(改正法662条2項)。

逆に、**受寄者**の方は、返す時期を定めていなかったときは、いつでも返すことができてよいでしょう(改正法663条1項)。しかし、返す時期を定めていたときは、それより前に返されると、寄託者は困ってしまいます。このような場合は、やむを得ない事由がないかぎり、受寄者の方から返すことを認めるべきではありません(改正法663条2項)。

消費寄託も、保管するという契約ですので、以上のような返還の時期に関しては、寄託に関するルールをそのまま適用すべきでしょう。改正法は、そのように考えて、消費寄託も「寄託」であるとして、原則として**寄託に関する規定が適用**されることを明らかにしています(改正法666条1項)。

3)預貯金契約の特則　ただ、消費寄託のなかでも、**預貯金契約**の場合は、たしかに、寄託者(預金者)は、自分があずけた金銭ですので、寄託に関する規定どおり、いつでも返せと求めることができるけれども、返還時期の定めがある場合——定期預金の場合がこれにあたります——は、受寄者に生じた損害を賠償しなければならないとしてよいでしょう。

しかし、預貯金契約は、単に寄託者(預金者)のために金銭をあずかるだけの契約ではなく、受寄者(銀行)があずかった金銭を利用することを目的とした契約でもあります。これは、そのかぎりで、お金を貸す契約と同じだとみることができます。返還時期の定めがあるからといって、受寄者(銀行)にとってその金銭を利用する必要がなくなっているのに、返還時期まで金銭の利用を強制すべきではないでしょう。寄託者(預金者)も、返還時期より前に返されることによって生じる損害――残りの期間の利息相当分から、返還を受けた金銭を残りの期間運用して得られる利益を差し引いたもの等――を賠償してもらえるのであれば、不利益はないはずです。

そのため、改正法では、預貯金契約の場合にかぎって、**借主からの返還に関する消費貸借の規定**(改正法591条2項・3項)**を準用**することとしています。

	消費貸借		消費寄託		預貯金契約	
	貸主	借主	寄託者	受寄者	寄託者	受寄者
返還時期の定めがない場合	いつでも相当の期間を定めて返還の催告が可能 (591 Ⅰ)	いつでも返還可能 (591 Ⅱ)	いつでも返還請求可能 (662 Ⅰ)	いつでも返還可能 (663 Ⅰ)	いつでも相当の期間を定めて返還請求可能 (666 Ⅲ →591 Ⅰ)	いつでも返還可能 (666 Ⅲ→591 Ⅱ)
返還時期の定めがある場合	返還時期より前に返還請求不可	いつでも返還可能 (591 Ⅱ) 貸主に生じた損害を賠償する必要 (591 Ⅲ)	いつでも返還請求可能 (662 Ⅰ) 受寄者に生じた損害を賠償する必要 (662 Ⅱ)	やむをえない事由がないかぎり返還不可 (663 Ⅱ)	いつでも返還請求可能 (662 Ⅰ) 受寄者に生じた損害を賠償する必要 (662 Ⅱ)	いつでも返還可能 (666 Ⅲ→591 Ⅱ) 寄託者に生じた損害を賠償する必要 (666 Ⅲ→591 Ⅲ)

(d)**詐害行為取消権**

第4は、**詐害行為取消権**に関する規定の整備です。

(ア)詐害行為取消権とは　**詐害行為取消権**とは、債権者が債務者に対して債権を持っている場合において、債務者が債権者を害することを知ってした行為を債権者が取り消すことができるという権利です。これは、例えば、次のような場合に問題となります。

【ケース32】

Aは、建設業を営むBに2000万円で建材を売却したが、Bの経営状態が悪化したため、代金2000万円の支払を受けられなかった。そ

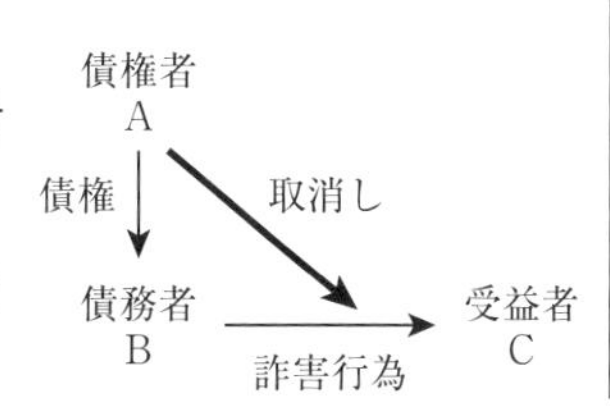

の後、Bは、唯一の財産として残っていた建物甲(時価2000万円)をCに贈与した。

この場合、Aは、Bに対して、建材の代金2000万円を支払ってもらうという債権を持っています。Bからいえば、Bは、Aに対して、2000万円を支払うという債務を負っています。Aが債権者、Bが債務者ということになります。

債務者が債務を履行しないときは、債権者は、債務者の財産を差し押さえて、それを競売にかけ、その売れた代金から債権を回収することができます。これを「**強制執行**」といい、この場合の債務者の財産を「**責任財産**」ということは、前に債権者代位権のところで説明したとおりです(55頁以下を参照)。

債権者からみますと、債務者の責任財産が十分にあるならば、手間はかかりますが、債権を回収することができますので、何とかなります。しかし、債務者の責任財産が足りませんと、債権を回収することができなくなってしまいます。

ケース32では、債務者Bは、時価2000万円の建物甲を持っていたわけですので、これがあれば、債権者Aは2000万円の債権を回収することができます。しかし、債務者Bがこの唯一の財産甲を贈与してしまいますと、もう債務者Bのもとには何の財産もなくなってしまいます。これでは、債権者Aは、2000万円の債権を回収することができません。

このように、債務者の責任財産が債権者の債権を弁済するのに足りなくなってしまうことを、債務者の「**無資力**」といいます。これはまさに、「債権者を害する」ことを意味します。このように債権者を害する行為を「**詐害行為**」といいます。また、この詐害行為によって利益を受けた者(C)を「**受益者**」といいます。ケース32では出てきませんが、受益者(C)からその財産を取得した者やその者からさらにその財産を取得した者を「**転得者**(てんとくしゃ)」といいます。

このような場合に、債権者が詐害行為を取り消して、責任財産を確保することができれば——これを「**責任財産の保全**」といいます——、その財産に強制執行をおこなって、債権を回収することが可能になります。これが、**詐害行為取消権**です。

(イ)詐害行為取消権に関する規定の整備　詐害行為取消権について、**これまでの民法**は、わずか3か条しか定めていませんでした。それらの規定も簡単なもので、いったいどのような場合に詐害行為取消権が認められるか、詐害行為が取り消されると、どのような効果が認められるかという問題の多くが解釈にゆだねられてきました。実際、非常にたくさんの判例があるほか、その問題点を指摘し、より合理的な解決を提案する学説も有力に主張されてきました。

改正法は、そうした状況をふまえて、①詐害行為取消権の要件、②その行使の方法等、③その効果、④その期間の制限に分け、総計14の規定を整備することとしました。

旧　法	改 正 法	
424条 詐害行為取消権	**第1目**	**詐害行為取消権の要件**
	424条	詐害行為取消請求
	424条の2	相当の対価を得てした財産の処分行為の特則
	424条の3	特定の債権者に対する担保の供与等の特則
	424条の4	過大な代物弁済等の特則
	424条の5	転得者に対する詐害行為取消請求
	第2目	**詐害行為取消権の行使の方法等**
	424条の6	財産の返還又は価額の償還の請求
	424条の7	被告及び訴訟告知
	424条の8	詐害行為の取消しの範囲
	424条の9	債権者への支払又は引渡し
425条 詐害行為の取消しの効果	**第3目**	**詐害行為取消権の行使の効果**
	425条	認容判決の効力が及ぶ者の範囲
	425条の2	債務者の受けた反対給付に関する受益者の権利
	425条の3	受益者の債権の回復
	425条の4	詐害行為取消請求を受けた転得者の権利
426条 詐害行為取消権の期間の制限	**第4目**	**詐害行為取消権の期間の制限**
	426条	詐害行為取消権の期間の制限

i)原則 ──財産減少行為　このうち、**詐害行為取消権の要件**に関しては、原則として、①詐害行為として、債務者の無資力を生じさせる行為──「**財産減少行為**」といいます──、②債務者が債権者を害することを知っていること──**債務者の悪意**──が必要とされます。ただし、③受益者が債権者を害することを知らなかったときは──**受益者の善意**──、取消しは認められません

(改正法424条1項)。もっとも、これは、これまでの民法で定められていたことと同様です。

<table>
<tr><th colspan="2" rowspan="2"></th><th colspan="2">受益者に対する請求</th><th rowspan="2">転得者に対する請求</th></tr>
<tr><th>原則要件</th><th>例外要件</th></tr>
<tr><td colspan="2">原則――
財産減少行為</td><td>①財産減少行為
②債務者の悪意</td><td>③受益者の善意</td><td rowspan="7">①受益者に対する請求の要件
②転得者の悪意
(他の転得者からの転得者に対する請求の場合は転得者全員の悪意)</td></tr>
<tr><td colspan="2">相当対価処分行為</td><td>①相当対価での財産の処分
②隠匿等の処分の現実のおそれ
③債務者の隠匿等の処分意思
④受益者の悪意</td><td></td></tr>
<tr><td rowspan="2">偏頗行為</td><td>義務行為</td><td>①既存債務の消滅行為・担保の供与
②債務者の支払不能
③債務者と受益者の通謀詐害意図</td><td></td></tr>
<tr><td>非義務行為</td><td>①債務者の義務によらない
既存債務の消滅行為・担保の供与
②支払不能前30日以内
③債務者と受益者の通謀詐害意図</td><td></td></tr>
<tr><td colspan="2" rowspan="2">過大な代物弁済</td><td>過大な部分
①債務額より過大な代物弁済
②財産減少行為
③債務者の悪意</td><td>④受益者の善意</td></tr>
<tr><td>その他の部分
偏頗行為へ</td><td></td></tr>
</table>

これに加えて、改正法では、3つの行為について、新たに規定をおきました。

【ケース33】

Aは、建設業を営むBに2000万円で建材を売却したが、Bの経営状態が悪化したため、代金2000万円の支払を受けられなかった。

①Bは、唯一の財産として残っていた建物甲(時価2000万円)をCに2000万円で売却した。

②Bは、Cから借りていた1000万円を返済する期日がすぎてしまってい

たので、手もとに残っていた1000万円をCに返済した。
③Bは、Cから借りていた1000万円を返済する期日はまだ3ヶ月後だったが、手もとに残っていた1000万円をCに返済した。
④Bは、Cから借りていた1000万円を返済する期日がすぎてしまっていたので、その弁済に代えて、唯一の財産として残っていた建物乙(時価1500万円)をCに譲渡した。

2)相当対価処分行為　第1は、相当な対価を得てした財産の処分行為――「**相当対価処分行為**」といいます――についてです。ケース33①がこれにあたります。この場合は、処分によって財産(甲)はなくなっても、相当な対価(2000万円)が入ってきますので、責任財産は減少しないはずです。したがって、原則として詐害行為取消権を認める必要はありません。

しかし、例えば土地が処分されてお金に変わりますと、隠したり、ムダに使ってしまったりしてなくなるおそれがあります。そのような処分(「隠匿等の処分」といいます。)をするおそれを現に生じさせる行為であり、債務者もその行為をする時にそのようなことをする意思を持ち、受益者もそのことを知っていたときは、詐害行為として取消しを認めてよいとされています(改正法424条の2)。

3)偏頗行為　第2は、既存の債務を消滅させる行為や既存の債務について担保を提供する行為についてです。特定の債権者の利益にかたよった行為という意味で、これを「**偏頗行為**(へんぱ)」といいます。ケース33②と③がこれにあたります。

この場合、たしかにBの手もとにあった財産(1000万円)はなくなっていますが、それはもともとBの債務を弁済するための責任財産です。この場合は、Bの債務が弁済によって消滅しているのですから、責任財産が本来の使われ方をしただけであって、あるべき状態から減少したというわけではありません。したがって、原則として、詐害行為取消権を認める必要はありません。

しかし、債務者が**支払不能**――「支払能力を欠くために、その債務のうち弁済期にあるものにつき、一般的かつ継続的に弁済することができない状態」

――の状態にあるときは、ある債権者に弁済すれば、他の債権者には弁済することができなくなります。このような場合に、債務者と受益者が通謀して他の債権者を害する意図をもって偏頗行為をしたときにまで、それを認めるのは公平に反します。そこで、改正法は、このような場合は、債権者(A)に取消しを認めています(改正法424条の3第1項)。

もっとも、ケース33③の場合は、Bは、いま返す義務はないはずなのに、Cに1000万円を返済しています。このように、義務がないのに、あるいは義務を履行する時期でないのに偏頗行為をしたとき――これを「**非義務行為**」といいます――は、さらにさかのぼって、債務者が支払不能になる前30日以内におこなわれたときは、詐害行為として取消しが認められています(改正法424条の3第2項)。

4)過大な代物弁済　第3は、**過大な代物弁済**についてです。これは、債務者がした債務の消滅に関する行為であって、受益者が受けた給付の価額がその行為によって消滅した債務の額より過大であるものを意味します。ケース33④がこれにあたります。

これは、債務を消滅させる行為ですので、そのかぎり(1000万円分)では、先ほどの偏頗行為にあたります。ただ、**消滅した債務の額より過大である部分**(500万円分)については、財産減少行為と同様ですので、その要件をみたすときは、詐害行為として取消しが認められることになります(改正法424条の4)。

5)転得者との関係　以上は、受益者(C)しかいない場合ですが、**転得者**がいる場合は、転得者を相手にする必要が出てきます。

【ケース34】

Aは、建設業を営むBに2000万円で建材を売却したが、Bの経営状態が悪化したため、代金2000万円の支払を受けられなかった。その後、Bは、唯一の財産として残っていた建物甲(時価2000万円)をCに贈与した。それからしばらくして、Cは、甲を2000万円でDに売却した。

先ほど説明した要件がそなわっていれば、債権者Aは、受益者Cに対して、詐害行為(BからCへの贈与)を取り消すことができました。しかし、このケースでは、転得者Dから甲を取り戻す必要があります。

改正法は、この場合に、転得者Dも、受益者Cから転得した時に、債務者Bがした行為(BからCへの贈与)が債権者を害することを知っていたときは、転得者Dに対して詐害行為の取消しを請求することができるとしています(改正法424条の5第1号)。

(ウ)詐害行為取消権の行使の方法等　次の問題は、詐害行為取消権が認められるとして、それを**どのように行使するか**です。

【ケース35】
Aは、建設業を営むBに2000万円で建材を売却したが、Bの経営状態が悪化したため、代金2000万円の支払を受けられなかった。その後、Bは、手もとに残っていた2000万円を自分の子Cに贈与した。

まず、債権者Aは、**詐害行為を取り消す**だけでなく、詐害行為によって受益者Cに移転した**財産の返還**を求めることができます(改正法424条の6)。

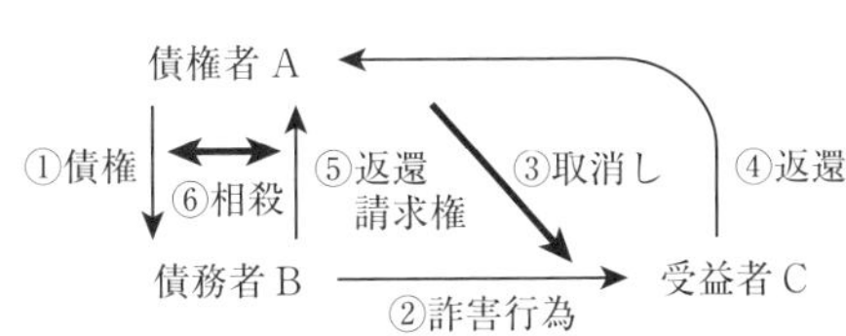

その内容が金銭の支払や動産の引渡しを求めるものであるときは、債権者Aは、**自分に**その支払や引渡しをするよう求めることができるとされています(改正法424条の9)。責任財産を保全するという目的からは、債務者に支払や引渡しをすれば足りるはずですが、これまでの民法のもとでも、判例により、このような債権者への返還が認められてきました。

これによると、ケース35のように、金銭の場合は、債権者Aは、受益者Cから支払を受けた金銭(2000万円)を債務者Bに返還する必要があります——債務者Bは債権者Aにその金銭(2000万円)の返還を請求することができるということです——が、この債務と債権者Aが債務者Bに対して持っている債権とを相殺すれば、結局、債権者Aは債務者Bに対する債権を回収できることになります。これは、詐害行為取消権が、責任財産の保全という目的を超えて、自分の債権を回収するという機能を持つことを意味します。これを「**事実上の**

優先弁済効」といいます。改正法でも、この長年続いてきた現実が追認されることになっています。

(エ)詐害行為取消権の行使の効果　　詐害行為取消権が行使された場合の**効果**は、**これまでの民法**では、非常に複雑なものとして理解されてきました。

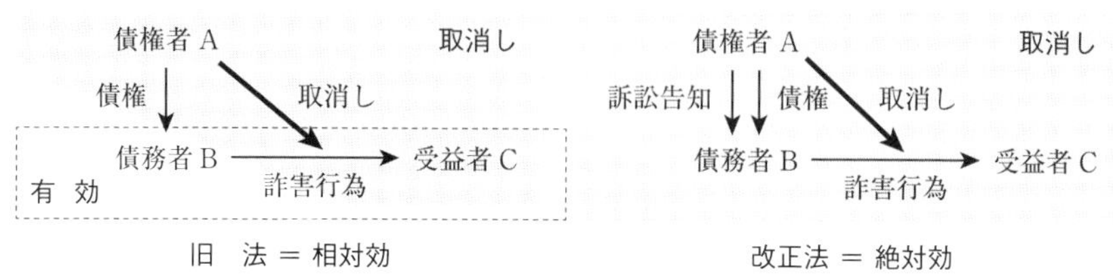

それによると、債権者Aが受益者Cに対して詐害行為の取消しを請求して認められますと、債権者Aと受益者Cとの間では、詐害行為は取り消されたことになります。その結果、債権者Aは、受益者Cに対して、財産を返還するよう請求することができます。

これに対して、債務者Bと受益者Cの間では、取消しの影響を受けず、詐害行為は有効であると考えられていました。これを、取消しの効果が問題となる当事者によって異なるという意味で、「**相対効**」といいます。

もちろん、受益者Cは、取消しによって財産を失うわけですが、債務者Bと受益者Cの契約は有効ですので、それが契約どおり履行されていないことを理由に、受益者Cは債務者Bに責任を追及すればよいとされていたわけです。

しかし、これは、非常に複雑で、多くのむずかしい問題が生じていました。そこで、**改正法**は、債権者Aが詐害行為取消請求に関する訴えを提起し――この場合は、債権者Aは債務者Bに訴訟告知をする必要があります(改正法424条の7第2項)――、これを認めた判決が確定すると、その効力は債務者Bとそのすべての債権者――たとえばBにお金を貸していた他の債権者など――にも及ぶものとしました(改正法425条)。これを、「**絶対効**」といいます。

これによると、債務者Bと受益者Cとの間でも、詐害行為は取り消されたことになりますので、お互いに受け取ったものを返還しなければなりません。受益者Cが、債権者Aからの請求に応じて金銭の支払や動産の引渡しをしますと、債務者Ｂに返還する必要はなくなります(改正法 424 条の 9 第 1 項後段)。それに対して、受益者Ｃは、債務者Ｂに対して、詐害行為を履行するために渡したものを返すよう求めることができます(改正法 425 条の 2)。

2 契約の尊重と格差の是正

民法の現代化――社会・経済の変化に対応するための改正――の２つめの特徴としてあげることができるのは、契約に関する制度について、「**契約の尊重**」という考え方がその基礎におかれるとともに、**格差の是正**をはかるための手当てがされていることです。

(1)契約の尊重

まず、「**契約の尊重**」というのは、契約に関する制度、特に契約が履行されない場合に関するさまざまなルール――たとえば債務不履行による損害賠償責任や契約の解除などのルール――は「**契約は守らなければならない**」という基本原則――「**契約の拘束力**」、「**契約遵守(じゅんしゅ)の原則**」などと呼ばれます――から導き出されるとする考え方です。契約がされれば、契約は守らなければならないのだから、契約から生じる問題は契約にしたがって解決すべきであるという意味で、契約を尊重するわけです。

(a)債務不履行による損害賠償と契約の解除

そんなことは当たり前ではないかと思われるかもしれません。しかし、これまでの民法は、これとは違った考え方でできていると理解されていました。これを債務不履行による損害賠償と契約の解除について、みてみましょう。

【ケース 36】

部品の製造・販売業を営むＡは、Ｂから注文を受けて、Ｂが製造する機械に使用するバルブ 100 個を代金 100 万円で製作して、３ヶ月後にＢの工場に届けることとした。ところが、Ａの製造設備が故障して製造がストップしたため、３ヶ月後に、Ａは指定されたバルブを 20 個しか製作することができず、とりあえず 20 個をＢの工場に届けた。Ｂは、遅くとも１ヶ月以内に残りの 80 個を届けるように求めたが、それから１ヶ月がすぎても、Aは残りの80個を製作することができなかった。

(ア)債務不履行による損害賠償　この場合、Bは、バルブが100個ないと予定どおり機械を製造することができないでしょうから、損害が生じるでしょう。そうすると、Bは、Aに対して、少なくとも生じた損害の賠償を求めたいと思うはずです。これは、バルブを100個製作して引き渡すという債務を約束した期日までに履行しなかったことによって生じた損害の賠償という意味で、**債務不履行による損害賠償**といいます。これは、**415条**に定められています。

旧　法	改 正 法
415条(債務不履行による損害賠償) 債務者がその債務の本旨に従った履行をしないときは、債権者は、これによって生じた損害の賠償を請求することができる。債務者の責めに帰すべき事由によって履行をすることができなくなったときも、同様とする。	**415条(債務不履行による損害賠償)** 債務者がその債務の本旨に従った履行をしないとき又は債務の履行が不能であるときは、債権者は、これによって生じた損害の賠償を請求することができる。ただし、その債務の不履行が契約その他の債務の発生原因及び取引上の社会通念に照らして債務者の責めに帰することができない事由によるものであるときは、この限りでない。 2　(略)

1)旧法における理解　まず、この規定が**これまでの民法**のもとで、どのように理解されてきたかということを確認しておきましょう。

前提として、債務者は、債務を負っている以上、その債務は履行する——3ヶ月後に指定されたバルブを100個製作して引き渡す——必要があります。

しかし、**損害の賠償**——たとえばBが予定どおり機械を製造していれば、それを売って1000万円の利益が上げられたときに、その1000万円をAがBに支払うこと——は、Aに特別な不利益を課すことを意味します。そのような特別な不利益を債務者に課すためには、債務者にそうされても仕方がない理由——これを「**責めに帰すべき事由**(**帰責事由**)」といいます——が必要とされます。そして、そうした理由として民法が一般的に予定しているのは、「**過失**」(不注意)があることであると考えられてきました。これは、過失がある者は責任を課せられてもしかたがないという意味で、「**過失責任主義**」あるいは「**過失責任原則**」といわれています。これによると、ケース36では、Aの製造設備が故障して製造がストップした原因がAの不注意にあるときは、Aは損害賠償責任を負わなければなりませんが、Aに不注意がなかったときは、Aは損害賠償責任をまぬがれることになります。

この、過失がある者は責任を課せられてもしかたがないという考え方は、たとえば交通事故の場合などのように、加害者と被害者の間に**契約がない場合**を考えると、責任を認めるべきかどうかを決める考え方としてよく理解することができます。そこで、加害者に過失がない、つまり加害者が必要な注意をきちんと尽くしていたときにまで責任を課すと、加害者はどうしようもなくなってしまいます。交通事故の場合であれば、もう自動車に乗らないようにするしかありません。それでは、加害者側の自由――何をどうおこなうかを決める自由という意味で「**行動の自由**」と呼ばれます――が奪われることになってしまいます。

過失責任主義とは、必要な注意を尽くしていれば責任を課せられることはないとすることによって、加害者側の**行動の自由を確保**しようとする考え方です。民法では、**不法行為責任**に関する709条で、「故意又は**過失**によって他人の権利又は法律上保護される利益を侵害した者は、これによって生じた損害を賠償する責任を負う」と定めることで、この考え方を採用することを明らかにしています。

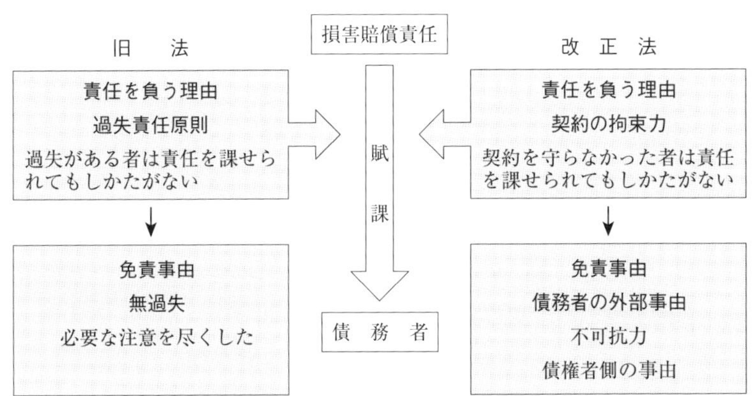

2)改正法の考え方　　しかし、債権者と債務者が**契約をしている場合**は、債務者は契約で約束した債務を履行しなければなりません。ケース36では、Aは、

3ヶ月後に指定されたバルブを100個製作してBに引き渡さなければなりません。そのようにしないという行動の自由はないわけです。

契約をした以上、契約は守ってもらわなければなりません。3ヶ月後に指定されたバルブを100個製作してBに引き渡すと契約したのですから、そのとおりしてもらわないと困ります。契約を守らないのであれば、責任を負ってもらわなければなりません。契約を守っていないのに、過失がない――注意はしていた――から責任を負わずにすむというのであれば、契約をした意味がないでしょう。債務者が責任を負う理由は、**契約を守らなかった**ことにあると考えられます。

もちろん、契約の内容は契約をする当事者が自由に決められますので、債務者はこれこれをするという債務を負うけれども、これこれという事情が生じて債務を履行することができないときは――このような事情のことを、履行をさまたげる事情という意味で「**履行障害事由**」と呼びます――、債務者は責任をまぬがれると合意することもできます。

そのような債務者の免責が認められることが当たり前といえるような履行障害事由については、契約をするときに、特別に合意したりしないことも多いでしょう。たとえば、大きな地震や台風などの自然災害やテロ事件など――このような事情を「**不可抗力**」にあたります――のために、債務を履行することができなくなるような場合のほか、債務を履行することができない原因がむしろ**債権者の側**にある場合――たとえば債権者が債務者に与えた指示が間違っていたので、契約どおり債務を履行することができなかった場合――は、はっきりと債務者が責任をまぬがれると合意していなくても、それは当然のことだからだとみることができるでしょう。つまり、不可抗力や債権者側の事情のように、**債務者の外にある対処のしようがない事由**によって債務を履行することができないときに、債務者が責任をまぬがれることは、明確に合意されていなくても、通常は、契約で当然のこととして予定されているとみることができます。

改正法415条1項で、債務の不履行が単に「債務者の責めに帰することができない事由」によるときではなく、「**契約その他の債務の発生原因**」に照らして「債務者の責めに帰することができない事由」によるときに、債務者の免責を認めることとしているのは、以上のように、債務者がどのような場合に債務不履行責任を負い、またまぬがれるかということは――債務の発生原因が契約である場合は――契約によって決まるという考え方を示したものです。

改正法415条1項では、「契約その他の債務の発生原因」だけでなく、さらに「及び」として、「**取引上の社会通念**」もあげられています。しかし、改正法を審議する過程では、これは「取引上の社会通念も考慮して定まる契約その他の債務の発生原因の趣旨に照らして」という意味であることについて意見の一致をみていました。当事者は、取引上の社会通念をふまえて契約をしているのだから、それも考慮して定まる契約の趣旨が基準になるということです。両者が「及び」でつながれたのは、条文の書き方に関するこれまでの慣例――「Aを考慮して定まるBを考慮する」という書き方はせず、「AとBを考慮する」という書き方をする――にしたがっただけであるとされています。

このことからもわかるとおり、「契約の尊重」という場合の「**契約**」とは、契約書のかたちで書かれたものにかぎられません。口約束でもかまいませんし、明確に述べていなくても、その場の状況から合意したとみることができるものでもかまいません。尊重されるべき「契約」とは、そのように、双方の当事者が暗黙のうちに前提としていたことも含めた広い意味を持つものであることに注意してください。

(ィ)契約の解除　　もう1つの問題は、**契約の解除**です。

ケース36でいうと、Bは、残りの80個をAが製作するのを待っていても仕事にならないので、Aとの契約はもう解除して、別の製造業者にバルブの製作を注文したいと思うかもしれません。特に同じバルブが100個そろわないと機械を製造できないときには、残りの80個がいらないだけでなく、受け取った20個もAに返して、Aにはいっさい代金を支払わないということにしたいでしょう。

このように、債務を約束した期日までに履行しなかった場合は、債権者が債務者に対して相当の期間を定めて履行するように求めた――これを「**催告**(さいこく)」といいます――のにその期間内に履行がされないときに、債権者は契約を解除することが認められます(旧541条)。このほか、ケース36では問題になりませんが、債務の履行が不能になった場合などは、催告をしても意味がありませんので、ただちに契約を解除することが認められます(旧542条・543条)。

<table>
<tr><th>旧　法</th><th>改 正 法</th></tr>
<tr><td>541 条（履行遅滞等による解除権）
当事者の一方がその債務を履行しない場合において、相手方が相当の期間を定めてその履行の催告をし、その期間内に履行がないときは、相手方は、契約の解除をすることができる。</td><td>541 条（催告による解除）
当事者の一方がその債務を履行しない場合において、相手方が相当の期間を定めてその履行の催告をし、その期間内に履行がないときは、相手方は、契約の解除をすることができる。ただし、その期間を経過した時における債務の不履行がその契約及び取引上の社会通念に照らして軽微であるときは、この限りでない。</td></tr>
<tr><td>542 条（定期行為の履行遅滞による解除権）
契約の性質又は当事者の意思表示により、特定の日時又は一定の期間内に履行をしなければ契約をした目的を達することができない場合において、当事者の一方が履行をしないでその時期を経過したときは、相手方は、前条の催告をすることなく、直ちにその契約の解除をすることができる。</td><td rowspan="2">542 条（催告によらない解除）
次に掲げる場合には、債権者は、前条の催告をすることなく、直ちに契約の解除をすることができる。
一　債務の全部の履行が不能であるとき。
二　債務者がその債務の全部の履行を拒絶する意思を明確に表示したとき。
三　債務の一部の履行が不能である場合又は債務者がその債務の一部の履行を拒絶する意思を明確に表示した場合において、残存する部分のみでは契約をした目的を達することができないとき。
四　契約の性質又は当事者の意思表示により、特定の日時又は一定の期間内に履行をしなければ契約をした目的を達することができない場合において、債務者が履行をしないでその時期を経過したとき。
五　前各号に掲げる場合のほか、債務者がその債務の履行をせず、債権者が前条の催告をしても契約をした目的を達するのに足りる履行がされる見込みがないことが明らかであるとき。
2　（略）</td></tr>
<tr><td>543 条（履行不能による解除権）
履行の全部又は一部が不能となったときは、債権者は、契約の解除をすることができる。ただし、その債務の不履行が債務者の責めに帰することができない事由によるものであるときは、この限りでない。</td></tr>
</table>

1)旧法における理解　　ここでも、**これまでの民法**のもとで、この解除に関する規定がどのように理解されてきたかということを確認しておきましょう。

まず、債務者が債務を約束どおり履行しなかったことを理由に契約が解除されると、債務者は債権者から対価を得ることができなくなります。ケース 36 ですと、A は、バルブを 100 個製作して引き渡せば、代金 100 万円を払ってもらうことができた――100 万円を払ってもらうという債権があった――のに、契約が解除されると、代金 100 万円を払ってもらうことはできません――100 万円を払ってもらうという債権は消滅します――。その意味で、契約の解除は、**債務者の債権を消滅させる**という不利益を債務者に課すものとみることができます。

そのため、ここでも、債務者にそのような不利益を課すには、債務者に「責めに帰すべき事由」として**過失**があることが必要であり、債務者に過失がなければ、解除は認められないと考えられてきました(旧法543条に書かれていることが他の規定にも当然にあてはまると考えられました。)。

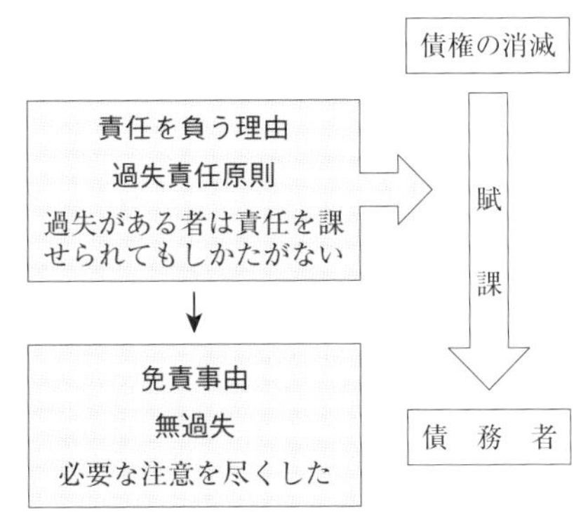

2)改正法の考え方　問題は、いったい何のために契約の解除を認める必要があるかということです。

契約をした以上、当事者は契約を守らなければなりません。それは、債務者だけでなく、債権者にもあてはまることです。

しかし、当事者が契約をするのは、それによって利益が得られるからです。債務者が契約を履行しないために、債権者が契約で目的とした利益が得られない場合は、債権者にとってもはや契約をした意味がないでしょう。そのような場合にまで、債権者は自分の債務を履行すると約束したとは考えられません。ケース36でいえば、Bは、同じバルブが100個そろわないと機械を製造できないのに、20個だけ引き渡してもらっても、契約をした目的を達することができません。そのような場合にまで、バルブの代金を払うと約束したはずはないでしょう。

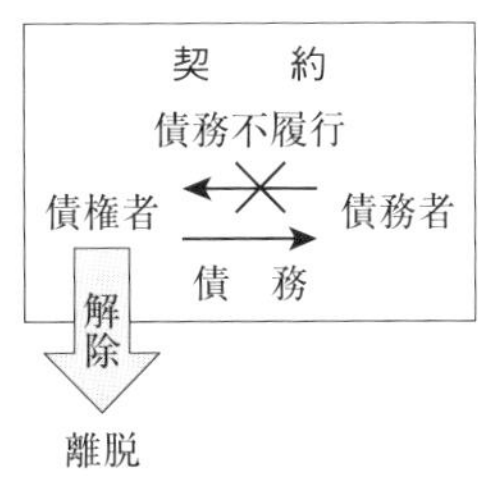

契約の解除は、そのように、債権者がその**契約で目的とした利益を取得することができず、契約をした意味がなくなる**ときに、債権者が**契約の拘束力からのがれる**ことを可能にするために認められるものというべきでしょう。これによると、契約の解除は、債権者がその契約で目的とした利益を取得することができなければ、債務者に「責めに帰すべき事由」があるかどうかにかかわりなく、認めるべきであるということになります。

改正法は、このような考え方にしたがい、契約の解除については、**債務者**に「**責めに帰すべき事由**」があるかどうかは**考慮しない**こととしています。

その上で、改正法は、債権者が**契約を解除するときの手順**を定めています。

それによると、債務者が債務を履行しない場合は、債権者は相当の期間を定めてその履行の催告をし、その期間内に履行がないときにはじめて、契約を解除することができるとされています。これを「**催告解除**」といいます。たとえば、Bが残りの80個のバルブを遅くとも1ヶ月以内に引き渡すよう求めたのが、この催告にあたります。

ただ、債務者が債務を履行しない場合といっても、いろいろな場合があります。債務者のささいな不履行を理由として、契約の解除を認める必要はないでしょう。そこで、改正法は、「その期間を経過した時における債務の不履行がその契約及び取引上の社会通念に照らして軽微であるとき」は、解除は認められないとしています(改正法541条)。

もっとも、改正法は、債務の全部の履行が不能であるときをはじめとして、債権者が催告をしても契約をした目的を達するのに足りる履行がされる見込みがないときは、債権者は、催告をすることなく、ただちに契約を解除することができるとしています(改正法542条1項)。これを「**無催告解除**」といいます。

(b)**契約にもとづく債務の履行が最初から不能である場合――原始的不能**

改正法では、以上のような「契約の尊重」、つまり契約から生じる問題は契約にしたがって解決すべきであるという考え方を、これまでそのように考えられていなかった問題にまで広げています。その1つが、契約にもとづく債務の履行が最初から不能である場合に関する問題です。

【ケース37】

京都で古書店を営むAは、10月1日に、東京で古書店を営むBから、Aのカタログに掲載されていた古書甲を購入したいという依頼を受け、甲をBに50万円で売却するという契約を締結し、10月7日にBがAの店に来たときに甲を引き渡すこととした。ところが、AがBに甲を引き渡すために店の中を調べたところ、Aの従業員が9月30日に来店した客に甲を売却して引き渡してしまっていたことがわかった。

(ア)履行不能と原始的不能　AとBがした契約が有効であれば、Aは、甲をBに引き渡すという債務を負い、Bは、50万円をAに支払うという債務を負うことになります。しかし、甲はもうAの店にありません。9月30日に来店した客が甲の所有権を取得し、その引渡しも受けていますので、その客は誰に対しても甲の所有権を取得したといえる状態になっています(178条)。このような場合、Aが甲をBに引き渡すという債務は履行することができなくなっている――債務の履行が「**不能**」であるといい、これを「**履行不能**」と呼びます――とされます。

問題は、10月1日に契約を締結した――これにより契約が「**成立**」するといいます――時点で、すでに債務の履行が不能になってしまっていることです。このように、債務の履行が最初から不能である場合を「**原始的不能**」といいます。

(ｲ)旧法のもとでの理解　**これまでの民法**には、このような場合に関するルールは定められていませんでした。しかし、最初から履行することができないような契約は無意味なので、契約は**無効**だと考えられていました。

契約が無効であれば、債務は発生しないことになりますので、債務の不履行もないことになります。したがって、**債務の不履行を理由とする損害賠償も認められません**。たとえば、Bが甲を古本の愛好家に60万円で売却することができたとするならば、それにより得られたはずの差額分10万円の損害がBに生じる可能性があります。このような損害は、債務が履行されていれば得られたはずの利益(を失った)という意味で、「**履行利益**」あるいは「**逸失利益**(いっしつりえき)」と呼ばれます。契約が無効だと考えると、このような損害の賠償は認められないということです。

ただ、このケースでは、Aは、Bから依頼を受けた時に、甲が店にあるかどうか調べずに、軽率に甲をBに売却するという契約を締結しています。その結果、たとえば、10月7日に、Bが甲を受け取るために東京から京都にあるBの店まで来てしまうかもしれません。この交通費に相当する額は、契約が――本当は無効なのに――有効に締結されたとBが信じたためにこうむった損害で、先ほどの履行利益と区別して、「**信頼利益**」――正確にいうと「**信頼損害**」――と呼ばれます。Aの過失によってBにこのような損害を生じさせたときには、Bはその損害の賠償を求めることができる。これまでの民法のもとでは、そう考えられてきました。

(ｳ)改正法の考え方　それでは、次のような場合はどうでしょうか。

【ケース 38】

ケース 37 で、A の従業員が別の客に甲を売却して引き渡したのが 10 月 2 日だった場合はどうか。

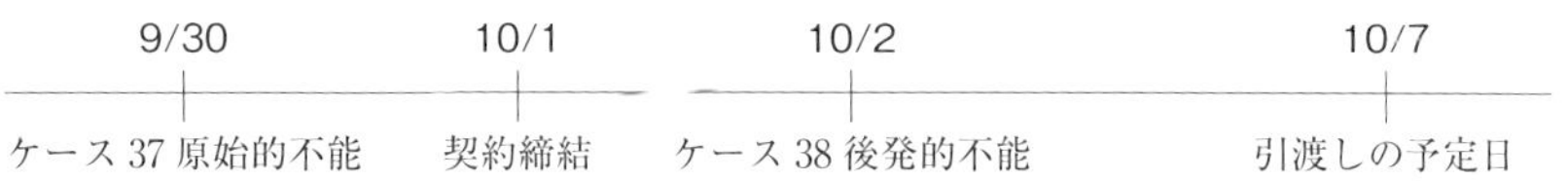

この場合は、契約が 10 月 1 日に成立した後で、A が甲を B に引き渡すという債務を履行することができなくなっています。このように債務が発生してから後にその履行が不能になることを「**後発的不能**」といいます。

ケース 37 と違って、10 月 1 日の時点では、A が甲を B に引き渡すという債務は履行できるわけですから、A と B がした契約は有効です。そうすると、その後になって、A は、甲を B に引き渡すという債務を履行することができなくなっているわけですから、債務不履行を理由とする損害賠償——つまり履行利益の賠償——が認められることになります。

しかし、同じことが契約を締結する前に起こったか、後で起こったかで、このように損害賠償の内容が違ってくるのは合理的でしょうか。むしろ、A は、甲を B に売却するという契約を締結したにもかかわらず、甲を B に引き渡すことができないことに変わりはないのですから、**債務の不履行を理由とする損害賠償**を**認めてよい**のではないでしょうか。

改正法は、このように考えて、契約にもとづく債務の履行がその契約の成立の時に不能であったとしても、415 条の規定(債務不履行による損害賠償に関する規定)によりその履行の不能によって生じた損害の賠償を請求することをさまたげないこととしました(改正法 412 条の 2)。

これは、債務の不履行がある——つまり債務がある——ということですから、契約の成立の時に債務の履行が不能であっても、契約は**有効**であるとすることを意味しています。ここでは、「**契約の尊重**」、つまり契約から生じる問題は契約にしたがって解決すべきであるという考え方が、これまでそのように考えられていなかった場面にまで広げられているわけです。

旧 法	改 正 法
	412条の2(履行不能) 債務の履行が契約その他の債務の発生原因及び取引上の社会通念に照らして不能であるときは、債権者は、その債務の履行を請求することができない。 2　契約に基づく債務の履行がその契約の成立の時に不能であったことは、第415条の規定によりその履行の不能によって生じた損害の賠償を請求することを妨げない。

(c)**契約不適合責任**

同じように、「契約の尊重」という考え方をこれまでそのように考えられていなかった場面にまで広げたものとして、**契約不適合責任**に関する規定をあげることができます。この責任は、これまで、契約とは別の考慮から定められた責任としてとらえられてきたのに対し、改正法では、契約にもとづく責任としてとらえなおされています。

(ア)旧法のもとでの理解　この責任は、これまで、物に「**瑕疵**(かし)」がある場合の責任──「**瑕疵担保責任**(かしたんぽ)」──と呼ばれてきたものに対応します。これは、次のような場合に問題となります。

> 【ケース39】
>
> Aは、自分の所有する中古自動車甲をBに100万円で売却した。ところが、Bが甲の引渡しを受けてから1ヶ月後になって、甲の調子が思わしくないので自動車整備工場で調べてもらったところ、甲は事故車(事故にあったことのある車)であり、エンジンに欠陥があることがわかった。

i)瑕疵の意味と瑕疵担保責任の内容　中古自動車を売却する場合でも、通常は、その自動車は事故にあったことのない車として売却されていると考えられます。エンジンについても、通常は、欠陥がないものとして売却されていると考えられます。このように、売却された物──これを「**売買の目的物**」といいます──がその種類の物として通常持っていると考えられる性質をそなえていないことを、これまで一般に、「**瑕疵**」と呼んできました。

これまでの民法では、このように、売買の目的物に瑕疵がある場合は、買主は、売主に対して、**損害賠償の請求**をすることができるほか、瑕疵のために契約をした目的を達することができないときは、**契約を解除**することができるとされていました(旧570条)。

2)契約(債務)内容の理解――特定物ドグマ　先ほどみたように、債務の不履行があったときにも、損害賠償(旧415条)と契約の解除(旧541条以下)が認められますから、これも同じだろうと思われるかもしれません。ところが、これまでの民法のもとでは、この場合の売主の責任は、債務不履行による責任とは違うと考えられてきました。

それは、この物として特定された物――これを「**特定物**」といいます――を売却すると契約する場合、契約の内容となるのは「この物を引き渡す」――ケース39でいえば、「この甲を引き渡す」――ということでしかなく、この物が持つ性質――たとえば甲が事故車ではないこと、エンジンに欠陥がないこと等――は契約の内容に入らないと考えられていたからです。このような考え方を「**特定物ドグマ**」といいます。売主が負う債務の内容が「この物を引き渡す」――「この甲を引き渡す」――ことであるならば、この物が通常持っていると考えられる性質をそなえていなくても――甲が事故車であったり、エンジンに欠陥があったりしても――、この物が引き渡されている――この甲が引き渡されている――かぎり、**債務は履行された**ことになります。つまり、債務の不履行はないと考えるわけです。

3)法定責任としての瑕疵担保責任　しかし、そうすると、買主は、契約どおり代金――100万円――を払わなければならないのに、それにみあう性質を持った物――事故車ではなくエンジンに欠陥がない甲――を受け取ることができません。また、たとえば、甲のエンジンの欠陥は修理のしようがなく、甲は廃車にするしかないような場合は、甲を買うときに払った自動車の登録料や保険料などは無駄になってしまいますし、そもそも代金を払った意味がありません。

これまでの民法が定める瑕疵担保責任(旧570条)は、債務は履行されているとしても、このように、対価のバランスがくずれているのを調整し――**対価の不均衡の是正**――、瑕疵がないと信じて無駄な支出をして契約してしまった買主が不利益を受けないようにする――**買主の信頼の保護**――ために、特別に法が認めた責任であると考えられてきました。瑕疵担保責任をこのように理解する考え方を、「**法定責任説**」といいます。

	旧　法（法定責任説）	改　正　法（契約責任説）
契約の内容	**特定物ドグマの採用** 特定物売買では、性質は契約内容とすることができない 例：「この甲を引き渡す」	**特定物ドグマの不採用** 特定物売買でも、性質を契約内容とすることができる 例：「この事故車ではなくエンジンに欠陥のない甲を引き渡す」
責任の根拠	**法定責任** 法が特別な理由（対価の不均衡の是正・買主の信頼保護）から認めた責任	**契約責任** 契約不履行（債務不履行）にもとづく責任

(ィ)改正法の考え方

i)契約責任説の採用――特定物ドグマの否定　以上のような法定責任説に対しては、これまでの民法のもとでも、強く反対する見解が主張されてきました。反対のポイントは、先ほどの特定物ドグマにあります。

特定物を売買するときでも、当事者は、その特定物の性質についてあれこれと考え、実際には、その理解が一致していることが多いでしょう。というよりも、どのような性質の物かということを決めておきませんと、代金も決められないはずです。現実がそうだとしますと、特定物の性質も契約の内容にすることができると考える方が自然ですし、当事者の意思を尊重することになります。

このように、特定物の売買でも、特定物の性質が契約の内容とされますと、実際に引き渡された特定物がその性質をそなえていなければ、契約を履行していないことになります。これによると、瑕疵担保責任は、債務不履行を理由とする責任と同じであることになります。このように、瑕疵担保責任を契約にもとづく責任とみる考え方を、「**契約責任説**」といいます。

改正法は、この契約責任説を採用することとしました。その理由は、先ほどの特定物ドグマは、**現代の市場社会にマッチしない**と考えられたからです。これは、改正法の考え方を理解する上で重要なポイントですので、もう少し説明しておきましょう。

特定物ドグマによりますと、特定物を買う場合、性質は契約の内容になりません。ということは、この物が一定の性質をそなえていないとしても、買主は文句をいえないということです。これは、特定物を買う場合、その特定物が本当に一定の性質をそなえているかどうかについて、**買主が注意しなければなら**

ない、つまり自分の判断が間違っていたときは、自業自得であるという考え方にもとづきます。

瑕疵担保責任に関するルールは、古代のローマ時代にまでさかのぼるもので、家畜や奴隷の売買について形成されたものです。たしかに、当時のように、市場が十分に整備されていないところでは、買主の方が思わぬものをつかまされないように、注意するしかありません。現在ですと、バザールやのみの市のような場合が、それにあたるかもしれません。

しかし、**現代の市場社会**は、そのようなものではありえません。物を買うのは、その物を使って利潤をあげるためです。買った物が予定どおりの性質を持っていませんと、**合理的な計算**が成り立ちません。現代の高度に発展した市場取引では、性質が契約の内容にならなければ、経済活動に支障が生じてしまいます。特定物ドグマ、したがってまた法定責任説がもはや維持できないとされたのは、その前提にある売買契約のとらえ方が現代の市場社会の要請にそぐわなかったからにほかなりません。

「**契約の尊重**」という考え方は、まさしく現代の市場社会の要請に対応するものです。改正法は、そのように考えて、瑕疵担保責任を**契約責任**としてとらえなおすこととしたわけです。

2)責任の要件――瑕疵から契約不適合へ　改正法をみますと、責任の要件として、「瑕疵」という言葉が姿を消しています。それに代えて、「引き渡された目的物が種類、品質又は数量に関して契約の内容に適合しないものであるとき」に、売主の責任が認められています(改正法562条1項)。これは、種類、品質又は数量が「契約の内容」に入ることを前提にしています。まさに契約責任説を採用していることがわかります。その結果、責任の要件は、「契約の内容に適合しないとき」、つまり**契約不適合**としてとらえられることになっているわけです。

旧　法	改　正　法
570 条（売主の瑕疵担保責任） 売買の目的物に隠れた瑕疵があったときは、第 566 条の規定を準用する。ただし、強制競売の場合は、この限りでない。 **566 条（地上権等がある場合等における売主の担保責任）** 売買の目的物が地上権、永小作権、地役権、留置権又は質権の目的である場合において、買主がこれを知らず、かつ、そのために契約をした目的を達することができないときは、買主は、契約の解除をすることができる。この場合において、契約の解除をすることができないときは、損害賠償の請求のみをすることができる。 2　略 3　前 2 項の場合において、契約の解除又は損害賠償の請求は、買主が事実を知った時から 1 年以内にしなければならない。	**562 条（買主の追完請求権）** 引き渡された目的物が種類、品質又は数量に関して契約の内容に適合しないものであるときは、買主は、売主に対し、目的物の修補、代替物の引渡し又は不足分の引渡しによる履行の追完を請求することができる。ただし、売主は、買主に不相当な負担を課するものでないときは、買主が請求した方法と異なる方法による履行の追完をすることができる。 2　前項の不適合が買主の責めに帰すべき事由によるものであるときは、買主は、同項の規定による履行の追完を請求することができない。 **564 条（買主の損害賠償請求及び解除権の行使）** 前 2 条の規定は、第 415 条の規定による損害賠償の請求並びに第 541 条及び第 542 条の規定による解除権の行使を妨げない。 **566 条（目的物の種類又は品質に関する担保責任の期間の制限）** 売主が種類又は品質に関して契約の内容に適合しない目的物を買主に引き渡した場合において、買主がその不適合を知った時から 1 年以内にその旨を売主に通知しないときは、買主は、その不適合を理由とする履行の追完の請求、代金の減額の請求、損害賠償の請求及び契約の解除をすることができない。ただし、売主が引渡しの時にその不適合を知り、又は重大な過失によって知らなかったときは、この限りでない。

3）責任の内容　　責任の内容も、契約責任として整備されています。

	旧　法		改　正　法	
追完請求権			可　能	改正 562
損害賠償	信頼利益賠償	旧 570 →566 Ⅰ 後	損害賠償（415 条）	改正 564
解　除	契約目的不達成	旧 570 →566 Ⅰ 前	①催告解除（541 条） ②無催告解除（542 条）	改正 564
代金減額			①催告代金減額請求 ②無催告代金減額請求	改正 563
期間制限	瑕疵を知った時から 1 年以内に権利行使が必要	旧 570 →566 Ⅲ	①種類・品質の不適合を知った時から 1 年以内に売主に対する不適合の通知が必要 ②引渡時に売主が悪意又は重過失のときを除く	改正 566

まず、**追完請求権**が新たに認められることになっています(改正法562条)。これは、引き渡された物が種類、品質又は数量に関して契約の内容に適合しないものであるときに、買主は、売主に対し、目的物の修補、代替物の引渡し又は不足分の引渡しによる履行の追完を請求することができるというものです。種類・品質・数量が契約の内容になっているのに、契約に適合しない種類・品質・数量の物が引き渡されたときは、その契約の内容になっている種類・品質・数量をそなえたものにせよという請求、つまり——後から完全な履行にするように請求するという意味で——追完請求が認められると考えるわけです。これによると、ケース39では、買主Bは、売主Aに対し、甲のエンジンを修理するよう求めることができます。

次に、**損害賠償**については、415条の規定による損害賠償の請求をさまたげないとされています(改正法564条)。415条とは、債務不履行による損害賠償に関する一般規定です。したがって、これは、損害賠償に関しては、債務不履行の一般原則にしたがった損害賠償責任が認められることを意味します。まさに契約責任説を採用したということです。

さらに、**解除**については、541条(催告解除)と542条(無催告解除)の規定による解除権の行使をさまたげないとされています(改正法564条)。これも、債務不履行の一般原則にしたがった解除が認められることを意味します。

このほか、改正法では、新たに、買主に**代金減額請求権**を認める規定がおかれています(改正法563条)。これは、債務不履行一般で認められるものではありません。債務不履行一般では、債務の発生原因に限定がありません。契約以外のものも含まれますし、契約でも贈与のような無償の契約も含まれます。そこでは、代金がないわけですので、代金減額請求権を一般的に認めることができません。そのため、これは、売買のところで定めることとされたわけです。

代金減額請求は、契約内容に適合しない物が引き渡された場合、本来ならば、契約内容に適合した物を引き渡してもらえるのですが、実際に引き渡された契約内容に適合しない物でよい——事故車でエンジンに欠陥のある甲でよい——ので、その代わり、代金は、引き渡された契約内容に適合しない物の価格に相当するもの——事故車でエンジンに欠陥のある甲の価格(そのような物として買えばいくらになるか)——に減額してほしい、つまり契約不適合の程度に応じて減額してほしいという請求を認めるものです。改正法は、これは、減額された代金に相当する性質を超える性質の物を引き渡し、減額された代金を超える金額を支払うという部分――事故車ではなくエンジンに欠陥がないという性質の部分、及びそれに対応した価格に相当する部分――を解除する、つまり**契約の一部を解除する**のと同じだと考えて、解除と同じように、催告した上で認められるものと、無催告で認められるものを規定しています。

4)期間の制限　**これまでの民法**では、買主が契約の解除又は損害賠償の請求をすることができる場合でも、買主が瑕疵を知った時から１年以内に解除又は損害賠償の請求をしないと、権利を失うとされていました(旧法570条が準用する566条3項)。売主は、目的物を買主に引き渡すと、もう履行は終わったと思うでしょう。しかも、目的物に瑕疵があったかどうかは、買主が目的物を使用したり、時の経過とともに目的物が劣化したりすることなどによって、比較的短い期間で判断がむずかしくなります。そこで、権利義務があるかどうかを早く確定する必要があると考えられたわけです。しかも、判例は、瑕疵を知ってから１年以内に、売主の責任を問う意思を明確に告げる必要があるとしていました。

これに対して、**改正法**では、このような１年の期間制限は、**種類又は品質に関する契約不適合の場合にかぎる**こととされました(改正法566条)。数量について契約に適合しているかどうかは、種類又は品質に比べて判断しやすいので、短い期間にかぎる必要はないと考えられたためです。

また、改正法では、買主は、不適合を知った時から１年以内に、**不適合があることを売主に通知**すれば足りるとされました。売主は、契約の内容に適合しない物を引き渡しておきながら、買主が権利を行使する意思を明確に示さなかったというだけで、責任をまぬがれるのはおかしいでしょう。売主は、契約不適合があるという通知さえ受ければ、自分に本当に責任があったかどうかについて調査するなど、対処ができるはずだと考えたわけです。

(2)格差の是正

以上のように、改正法は、契約に関する制度を「契約の尊重」という考え方から見直そうとしているところに特徴があります。しかし、この「契約の尊重」という考え方には、重要な前提があります。それは、契約をする当事者が

対等であるということです。対等な当事者が**自由に決めた**結果だからこそ、その契約は尊重にあたいするわけです。

それに対し、当事者が対等でなければ、一方に有利な契約が他方に押しつけられるおそれがあります。そのような契約は、**自由な意思決定に支えられていない**以上、尊重にあたいしません。したがって、「契約の尊重」という考え方による以上、当事者が対等でない場合、つまり**格差**がある場合におこなわれる契約にどう対処するかが問題となります。

このような当事者間に格差がある場合に関する規制は、これまで、民法以外の**特別法**によっておこなわれてきました。たとえば、労働契約法や借地借家法のほか、消費者契約法などがその代表例です。それに対し、今回の改正では、民法の中に、**定型約款**に関する規制と**保証契約**に関する規制が新たに定められることになりました。

(a)**定型約款**

まず、**定型約款**に関する規制からみていきましょう。

(ア)約款の特徴と約定法の課題

1)約款の特徴　「定型約款」という言葉は、今回の改正によってはじめて作られた言葉です。これまでは、単に「**約款**」という言葉がよく使われてきました。

次の頁に典型的な約款の例をあげておきました。これは、引越運送に関するものですが、契約するときに、契約書の裏や別の紙に細かい字でびっしり契約条項が書かれているものです。

実は、この約款は、民法が想定していなかった現代的な現象の1つです。

約款が使われるようになったのは、産業が発展するのにともなって、規格化された商品を大量に生産・販売するようになったことが背景にあります。そこでは、取引の条件も画一化することによって、取引のコストを計算できるようにすることが求められます。そのため、一方の当事者——これはもちろん事業者です——が、あらかじめ定型的な契約条項集を作成して、それを活用するようになりました。これも、技術の発展の一例といってよいでしょう。

2)約款法の課題　この約款について解決すべき課題は、2つあります。

まず、そうした**約款が契約の内容に入るかどうか**という問題があります。契

標準引越運送約款

（平成2年11月22日　運輸省告示第577号）
最終改正／平成15年3月3日　国土交通省告示第170号

第一章　総則

（適用範囲）
第一条　この約款は、一般貨物自動車運送事業により行う運送のうち車両を貸し切ってする引越運送及びこれに附帯する荷造り、不用品の処理等のサービスに適用されます。ただし、事業所等の移転であって、この約款によらない旨をあらかじめ告知した場合には、適用されません。
2　この約款に定めのない事項については、法令又は一般の慣習によります。
3　当店は、前二項の規定にかかわらず、法令に反しない範囲で、特約の申込みに応じることがあります。

（受付日時）
第二条　当店は、受付日時を定め、店頭に掲示します。
2　前項の受付日時を変更する場合は、あらかじめ営業所その他の事業所の店頭に掲示します。

第二章　見積り

（見積り）
第三条　当店は、引越運送及びこれに附帯するサービスに要する運賃及び料金（以下「運賃等」という。）について、試算（以下「見積り」という。）を行います。
2　見積りを行ったときは、次の事項を記載した見積書を申込者に発行します。
一　申込者の氏名又は名称、住所及び電話番号
二　荷受人の氏名又は名称、住所及び電話番号
三　荷物の受取日時及び引渡日
四　発送地及び到達地の地名、地番及び連絡先電話番号
五　運賃等の合計額、内訳及び支払方法
六　解約手数料の額
七　当店の名称、事業許可番号、住所、電話番号、見積り担当者の氏名及び問い合わせ窓口電話番号
八　荷送人及び荷受人並びに当店が行う作業内容
九　その他見積りに関し必要な事項
3　前項第五号の記載については、第三号及び第四号の事項並びに積込み又は取卸し作業等に応じて運賃等の内容ごとに区分してわかりやすく記載します。
4　見積料は請求しません。ただし、発送地又は到達地において下見を行った場合に限り、下見に要した費用を請求することがあります。この場合には、見積りを行う前にその金額を申込者に通知し、了解を得ることとします。
5　当店は、見積りの際に内金、手付金等（前項ただし書の規定による下見に要した費用を除く。）を請求しません。
6　当店は、見積り時に申込者に対して、この約款を提示します。
7　当店は、見積書に記載した荷物の受取日の二日前までに、申込者に対して、見積書の記載内容の変更の有無等について確認を行います。

第三章　運送の引受け

（引受拒絶）
第四条　当店は、次の各号の一に該当する場合には、引越運送の引受けを拒絶することがあります。
一　運送の申込みがこの約款によらないものであるとき。
二　運送に適する設備がないとき。
三　運送に関し申込者から特別の負担を求められたとき。
四　運送が法令の規定又は公の秩序若しくは善良の風俗に反するものであるとき。
五　天災その他やむを得ない事由があるとき。
2　荷物が次に掲げるものであるときは、当該荷物に限り引越運送の引受けを拒絶することがあります。
一　現金、有価証券、宝石貴金属、預金通帳、キャッシュカード、印鑑等荷送人において携帯することのできる貴重品
二　火薬類その他の危険品、不潔な物品等他の荷物に損害を及ぼす恐れのあるもの
三　動植物、ピアノ、美術品、骨董品等運送に当たって特殊な管理を要するため、他の荷物と同時に運送することに適さないもの
四　申込者が第八条第一項の規定によるその種類及び性質の申告をせず、又は同条第二項の規定による点検の同意を与えないもの

（連絡運輸又は利用運送）
第五条　当店は、荷送人の利益を害しない限り、引き受けた荷物の運送を他の運送機関と連絡して、又は他の貨物自動車運送事業者の行う運送若しくは他の運送機関を利用して運送することがあります。

第四章　荷物の受取

（荷物の受取を行う日時）
第六条　当店は、見積書に記載した受取日時に荷物を受け取ります。

（荷造り）
第七条　荷送人は、荷物の性質、重量、容積、運送距離等に応じて、運送に適するように荷造りをしなければなりません。
2　当店は、荷物の荷造りが運送に適さないときは、荷送人に対し必要な荷造りを要求し、又は荷送人の負担により必要な荷造りを行います。
3　前二項の規定にかかわらず、当店は荷送人からの申込みに応じて、荷送人の負担により必要な荷造りを行います。

（荷物の種類及び性質の確認）
第八条　当店は、荷物を受け取る時に、第四条第二項各号に掲げる荷物、貴重品（第四条第二項第一号及び第三号に掲げるものを除く。）、壊れやすいもの（パソコン等の電子機器を含む。第二十四条第二項において同じ。）、変質若しくは腐敗しやすいもの等運送上特段の注意を要するものの有無並びにその種類及び性質を申告することを荷送人に求めます。
2　当店は、前項の場合において、その種類及び性質につき荷送人が告げたことに疑いがあるときは、荷送人の同意を得て、その立会いの上で、これを点検することができます。
3　当店は、前項の規定により点検した場合において、荷物の種類及び性質が荷送人の申告したところと異ならないときは、このために生じた損害を賠償します。
4　第二項の規定により点検した場合において、荷物の種類及び性質が荷送人の申告と異なるときは、点検に要した費用は荷送人の負担とします。

第五章　荷物の引渡し

（荷物の引渡しを行う日）
第九条　当店は、見積書に記載した引渡日に荷物を引き渡します。また、荷物受取時に、引渡日時を荷送人又は荷受人に対して通知します。

（荷受人が不在の場合の措置）
第十条　荷受人が見積書に記載した引渡日に引渡先に不在のおそれのある場合には、あらかじめ荷送人に対し、荷受人に代わって荷物を受け取る者（以下「代理受取人」という。）の氏名及び連絡先の申告を求めます。
2　荷受人が見積書に記載した引渡日に不在であった場合には、当該代理受取人に対する荷物の引渡しをもって荷受人に対する引渡しとみなします。

（引渡しができない場合の措置）
第十一条　当店は、荷受人又は代理受取人（以下「荷受人等」という。）を確知することができないとき、又は荷受人等が荷物の受取を怠り若しくは拒んだとき、若しくはその他の理由によりこれを受け取ることができないときは、遅滞なく荷送人に対し、相当の期間を定め荷物の処分につき指図を求めます。
2　前項に規定する指図の請求及びその指図に従って行った処分に要した費用は荷送人の負担とします。

（引渡しができない荷物の処分）
第十二条　当店は、相当の期間内に前条第一項に規定する指図がないときは、荷物を倉庫営業者に寄託し又は供託し若しくは競売することがあります。
2　前項の規定による処分を行ったときは、遅滞なくその旨を荷送人又は荷受人に対して通知します。
3　第一項の規定による処分に要した費用は、荷送人の負担とします。
4　当店は、第一項の規定により競売したときは、その代価の全部又は一部を運賃等並びに指図の請求及び競売に要した費用に充当し、不足があるときは、荷送人にその支払を請求し、余剰があるときは、これを荷送人に交付し、又は供託します。

第六章　指図

（指図）
第十三条　荷送人は、当店に対し、荷物の運送の中止、返送、転送その他の処分につき指図をすることができます。
2　前項に規定する荷送人の権利は、荷受人に荷物を引き渡した時に消滅します。

（指図に応じない場合）
第十四条　当店は、運送上の支障が生ずるおそれがあると認めるときには、前条第一項の規定による荷送人の指図に応じないことがあります。
2　当店は、前項の規定により指図に応じないときは、遅滞なくその旨を荷送人に通知します。

第七章　事故

（事故の際の措置）
第十五条　当店は、荷物の全部の滅失を発見したときは、遅滞なくその旨を荷送人に通知します。
2　当店は、荷物の相当部分の滅失又は全部若しくは相当部分のき損を発見したとき、又は荷物の引渡しが見積書に記載した引渡日より遅延すると判断したときは、遅滞なく荷送人に対し、相当の期間を定め荷物の処分につき指図を求めます。
3　当店は、前項の場合において、指図を待ついとまがないとき、又は当店の定めた期間内に指図がないときは、荷送人の利益のために、当店の裁量によって運送の中止又は運送経路若しくは運送方法の変更その他の適切な処分をします。
4　当店は、前項の規定による処分をしたときは、遅滞なくその旨を荷送人に通知します。
5　第二項の規定にかかわらず、当店は運送上の支障が生ずると認める場合には、荷送人の指図に応じないことがあります。
6　当店は、前項の規定により指図に応じないときは、遅滞なくその旨を荷送人に通知します。
7　当店は、荷物の一部の滅失又はき損を発見したときは、荷送人の指図を求めずに運送を続行した上で、遅滞なくその旨を荷送人に通知します。

（危険品等の処分）
第十六条　当店は、荷物が危険品等他の荷物に損害を及ぼすおそれのあるものであることを運送の途上で知ったときは、荷物の取卸しその他運送上の損害を防止するための処分をします。
2　前項に規定する処分に要した費用は、荷送人の負担とします。
3　当店は、第一項の規定による処分をしたときは、遅滞なくその旨を荷送人に通知します。

（事故証明書の発行）
第十七条　当店は、荷物の滅失、き損又は遅延に関し、証明の請求があったときは、荷物を引き渡した日（滅失のときは見積書に記載した引渡日）から一年以内に限り、事故証明書を発行します。

第八章　運賃等

（運賃及び料金）
第十八条　運賃及び料金並びにその適用方法は、当店が別に定める運賃料金表によります。
2　運賃及び料金並びにその適用方法は、営業所その他の事業所の店頭に掲示します。
3　当店は、申し込みを受けた運送に附帯するサービスを行ったときは、これに係る料金を収受します。

（運賃等の収受）
第十九条　当店は、荷物を受け取るときに見積書に記載された支払方法により、荷送人から運賃等を収受します。
2　当店は、次の事項を記載した請求書に基づき運賃等を請求します。
一　運賃等の請求相手方の氏名又は名称、住所及び電話番号
二　発送地及び到達地の地名、地番及び連絡先電話番号
三　運賃等の合計額及びその内訳（運賃等の内容ごとに区分してわかりやすく記載します。）
四　当店の名称、住所、電話番号及び問い合わせ窓口電話番号
五　その他運賃等の収受に関し必要な事項
3　前項各号について、当店は見積書に記載した内容に準拠して記載します。ただし、見積りを行った後に当該内容に変更が生じた場合は、当該変更に応じて所要の修正を行います。
4　前項ただし書の場合において、変更が生じた結果、実際に要する運賃等の合計額が見積書に記載した運賃等の合計額と異なることとなった場合の修正については、次の各号に基づき行います。
一　実際に要する運賃等の合計額が見積書に記載した運賃等（以下「見積運賃等」という。）の合計額より少ない場合　実際に要する運賃等の合計額及びその内容に修正します。
二　実際に要する運賃等の合計額が見積運賃等の合計額を超える場合　荷送人の責任による事由により見積運賃等の算出の基礎に変化が生じたときに限り、実際に要する運賃等の合計額及びその内容に修正します。
5　当店は、第一項の規定にかかわらず、荷物を引き渡した後に荷受人等から運賃等を収受することを認めることがあります。この場合においては、第二項から前項までの規定を準用します。

（事故等と運賃、料金）
第二十条　当店は、第十三条第一項の規定により処分をしたときは、その処分に要する運賃、料金その他の費用を収受し、並びに当店が既に行った運送及びこれに附帯するサービスに要した運賃等を収受します。
2　当店は、第十五条第二項及び第三項の規定により処分をしたときは、事故等が荷送人の責任による事由又は荷物の性質若しくは欠陥により生じた場合に限り、その処分に要する運賃、料金その他の費用を収受します。
3　当店は、荷物の一部の滅失若しくはき損又は遅延が生じた場合において申込みに係る運送を続行した場合は、運賃等の全額を収受します。
4　当店は、第十五条第一項に規定する荷物の全部の滅失又は同条第二項に規定する荷物の相当部分の滅失又は全部若しくは相当部分のき損が生じた場合は、当該事故が荷送人の責任による事由又は荷物の性質若しくは欠陥により生じた場合に限り、当店が既に行った運送及びこれに附帯するサービスに要した運賃等を収受します。
5　第一項、第二項及び第四項の場合において、当店が既にその荷物について運賃等の全部又は一部を収受している場合には、第一項、第二項又は第四項の規定により当店が収受することとしている金額に充当し、余剰があるときは払い戻します。

（解約手数料又は延期手数料等）
第二十一条　当店が、解約手数料又は延期手数料を請求する場合は、その解約又は受取日の延期の原因が荷送人の責任によるものであって、解約又は受取日の延期の指図が見積書に記載した受取日の前日又は当日に行われたときに限ります。ただし、第三条第七項の規定による確認を行わなかった場合には、解約手数料又は延期手数料を請求しません。
2　前項の解約手数料又は延期手数料の額は、次の各号のとおりとします。
一　見積書に記載した受取日の前日に解約又は受取日の延期の指図をしたとき　見積書に記載した運賃の十パーセント以内
二　見積書に記載した受取日の当日に解約又は受取日の延期の指図をしたとき　見積書に記載した運賃の二十パーセント以内
3　解約の原因が荷送人の責任による場合には、解約手数料とは別に、当店が既に実施し、又は着手した附帯サービスに要した費用（見積書に明記したものに限る。）を収受します。
4　第一項ただし書の規定は、前項の費用の収受について準用します。

第九章　責任

（責任と挙証等）
第二十二条　当店は、自己又は使用人その他運送のために使用した者が、荷物の荷造り、受取、引渡し、保管又は運送に関し注意を怠らなかったことを証明しない限り、荷物その他のものの滅失、き損又は遅延につき損害賠償の責任を負い、速やかに賠償します。

（免責）
第二十三条　当店は、次の事由による荷物の滅失、き損又は遅延の損害については、損害賠償の責任を負いません。
一　荷物の欠陥、自然の消耗
二　荷物の性質による発火、爆発、むれ、かび、腐敗、変色、さびその他これに類似する事由
三　ストライキ若しくはサボタージュ、社会的騒擾その他の事変又は強盗
四　不可抗力による火災
五　予見できない異常な交通障害
六　地震、津波、洪水、暴風雨、地すべり、山崩れその他の天災
七　法令又は公権力の発動による運送の差止め、開封、没収、差押え又は第三者への引渡し
八　荷送人又は荷受人等の故意又は過失

（引受制限荷物等に関する特則）
第二十四条　第四条第二項各号に掲げる荷物については、当店がその旨を知って引き受けた場合に限り、当店は、当該荷物の滅失、き損又は遅延について、損害賠償の責任を負います。
2　貴重品、壊れやすいもの、変質又は腐敗しやすいもの等運送上の特段の注意を要する荷物（第四条第二項各号に掲げるものを除く。）については、荷送人が第八条第一項の規定によるその有無の申告をせず、かつ、当店が過失なくしてその存在を知らなかった場合は、当店は、運送上の特段の注意を払わなかったことにより生じた当該荷物の滅失若しくはき損又は当該荷物により生じた他の荷物の滅失、き損若しくは遅延について、損害賠償の責任を負いません。

（責任の特別消滅事由）
第二十五条　荷物の一部の滅失又はき損についての当店の責任は、荷物を引き渡した日から三月以内に通知を発しない限り消滅します。
2　前項の規定は、当店がその損害を知って荷物を引き渡した場合には、適用しません。

（損害賠償の額）
第二十六条　当店は、荷物の滅失又はき損により直接生じた損害を賠償します。
2　当店は、遅延により生じた損害については、次の各号の規定により賠償します。
一　見積書に記載した受取日時に荷物の受取をしなかったとき　受取遅延により直接生じた財産上の損害を運賃等の合計額の範囲内で賠償します。
二　見積書に記載した引渡日に荷物の引渡しをしなかったとき　引渡遅延により直接生じた財産上の損害を運賃等の合計額の範囲内で賠償します。
三　第一号及び第二号が同時に生じたとき　受取遅延及び引渡遅延により直接生じた財産上の損害を運賃等の合計額の範囲内で賠償します。
3　前項の規定にかかわらず、当店の故意又は重大な過失によって荷物の受取又は引渡しの遅延が生じたときは、当店はそれにより生じた損害を賠償します。

（時効）
第二十七条　荷物の滅失、き損又は遅延についての当店の責任は、荷受人等が荷物を受け取った日から一年を経過したときは、時効によって消滅します。
2　前項の期間は、荷物の全部が滅失した場合においては、見積書に記載した引渡日からこれを起算します。
3　前二項の規定は、当店がその損害を知っていて荷受人等に告げなかった場合には、適用しません。

（連絡運輸又は利用運送の際の責任）
第二十八条　当店が他の運送機関と連絡して、又は他の貨物自動車運送事業者の行う運送若しくは他の運送機関を利用して運送を行う場合においても、運送上の責任は、この運送約款により当店が負います。

（荷送人又は荷受人等の賠償責任）
第二十九条　荷送人又は荷受人等は、自らの故意若しくは過失により、又は荷物の性質若しくは欠陥により当店に与えた損害について、損害賠償の責任を負わなければなりません。ただし、荷送人又は荷受人等が過失なくしてその性質若しくは欠陥を知らなかったとき、又は当店がこれを知っていたときは、この限りでありません。

約に関する民法の基本的な考え方では、合意、つまり意思の合致があってはじめて契約が成立します。ところが、約款について、ふつうは内容もみませんので、そのような意思の合致があるわけではありません。したがって、約款がなぜ・どのような場合に契約の内容になるかということが深刻な問題となるわけです。これを、約款を契約に組み入れるために必要な規制という意味で、**組入規制**の問題といいます。

次に、約款が契約内容に入るとしても、その**内容は一方当事者だけが決めています**。そのため、不当条項が含まれる危険性が構造的に存在します。そこで、約款については、民法の一般原則とは異なる基準にしたがって**内容規制**を行うべきではないかということが問題となります。これを、**不当条項規制**の問題といいます。

3) 消費者契約との関係　　この約款と重なるものとして、**消費者契約**というも

のがあります。日本では、すでに消費者契約を対象とした法律として**消費者契約法**が制定されていますので、この両者の関係が問題となります。

	消費者契約	約　款
問題となる場面	事業者と消費者の間の契約	①事業者と消費者の間の契約 ②事業者と事業者の間の契約
規制が必要な理由	情報・交渉力について構造的な格差がある	①一方のみが内容を作成する ②どこに何が定められているかわからない(隠蔽効果)

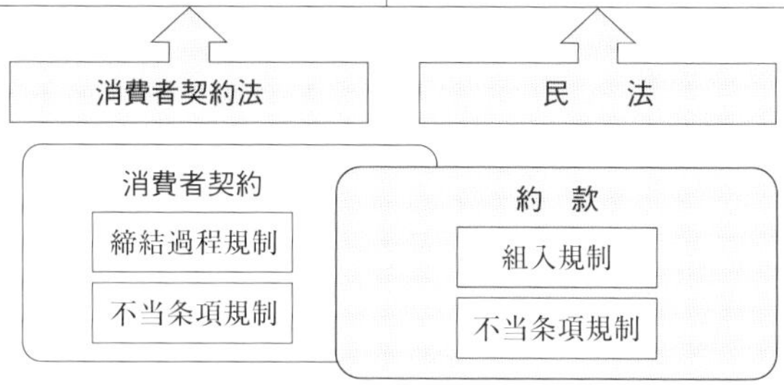

消費者契約法　　民　法

消費者契約
締結過程規制
不当条項規制

約　款
組入規制
不当条項規制

消費者契約とは、事業者と消費者の間の契約です。これについて規制が必要なのは、消費者と事業者の間に情報・交渉力について構造的な格差があるためです。

これに対して、**約款**は、消費者契約でも使われますが、事業者と事業者の間でも使われます。事業者も運送を頼みますし、電気・ガス、保険などの契約もおこないます。

こうした約款について規制が必要なのは、先ほどもいいましたように、**一方のみが内容を作成する**からです。しかも、ぶあつい約款を考えればわかるように、中にどのようなことが書かれているか確認するのもむずかしいでしょう。これを「**隠蔽効果**(いんぺい)」といいます。このような理由から、先ほどの組入規制と不当条項規制が必要になってくるわけです。

(ｲ)規制の対象——定型約款　　問題は、民法に約款に関する規制を整備するとして、その対象となるものをどのように特定するかです。特に経済界では、民法に約款規制を定めることは、事業活動に対する規制を強化するおそれがあると受けとめられたため、対象となる約款を広く定めることに対して、強い反対がありました。その結果、改正法では、新たに「定型約款」という言葉を作って、規制の対象をそれに限定することになりました。

旧　法	改　正　法
	548条の2（定型約款の合意） 定型取引（ある特定の者が不特定多数の者を相手方として行う取引であって、その内容の全部又は一部が画一的であることがその双方にとって合理的なものをいう。以下同じ。）を行うことの合意（次条において「定型取引合意」という。）をした者は、次に掲げる場合には、定型約款（定型取引において、契約の内容とすることを目的としてその特定の者により準備された条項の総体をいう。以下同じ。）の個別の条項についても合意をしたものとみなす。 一　定型約款を契約の内容とする旨の合意をしたとき。 二　定型約款を準備した者（以下「定型約款準備者」という。）があらかじめその定型約款を契約の内容とする旨を相手方に表示していたとき。 2　略
	548条の3（定型約款の内容の表示） 定型取引を行い、又は行おうとする定型約款準備者は、定型取引合意の前又は定型取引合意の後相当の期間内に相手方から請求があった場合には、遅滞なく、相当な方法でその定型約款の内容を示さなければならない。ただし、定型約款準備者が既に相手方に対して定型約款を記載した書面を交付し、又はこれを記録した電磁的記録を提供していたときは、この限りでない。 2　定型約款準備者が定型取引合意の前において前項の請求を拒んだときは、前条の規定は、適用しない。ただし、一時的な通信障害が発生した場合その他正当な事由がある場合は、この限りでない。

それによると、「**定型約款**」とは、まず、「定型取引」で使われるものとされています。「**定型取引**」とは、「ある特定の者が**不特定多数の者**を相手方として行う取引」であって、「その内容の全部又は一部が**画一的**であることがその**双方にとって合理的**なもの」をいうとされています（改正法548条の2第1項）。先ほど例にあげた引越運送のほか、宅配便などの契約は、不特定多数の人を相手にする――頼んでくる人は特定の人にかぎらないし、たくさんの人が頼んでくる――ものですし、契約の内容も画一的である――人によって違わない――ことがおたがいにとって合理的でしょう。そうしておけば、料金も同じ基準で計算することができます。電気・ガス・水道の利用契約、銀行預金やローンの借入契約、クレジットカードの利用契約、保険契約、通信販売、レンタカーやレンタルビデオ、コインロッカーの利用契約、スポーツクラブの会員契約や教育サービスの利用契約、介護サービスや給食提供契約など、さまざまなものがこうした定型取引にあたると考えられます。これに対して、労働契約や事業者間

で交渉して締結する契約は、誰とどのような条件で契約するかが重要ですので、定型取引にはあたらないと考えられています。

このような定型取引において、「契約の内容とすることを目的としてその特定の者により準備された条項の総体」――あらかじめ契約の内容とするために用意された条項のすべて――が、「定型約款」だとされています(改正法548条の2第1項)。

(ウ)定型約款の組入規制

1)定型約款の組入要件　改正法によると、このような定型約款が契約に組み入れられる――改正法では、定型約款の「個別の条項についても合意をしたものとみなす」とされています――ためには、次の2つの要件――これを「**組入要件**」といいます――が必要とされています(改正法548条の2第1項)。

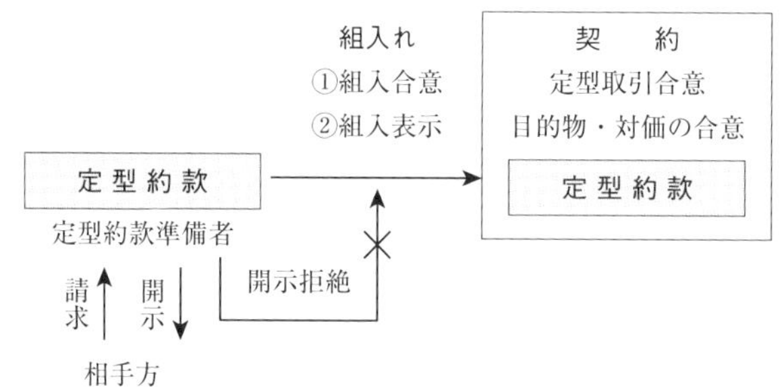

第1は、先ほどの定型取引をおこなうという合意――これを「**定型取引合意**」といいます――です。定型取引の意味は、先ほど紹介したとおりです。そのような取引について、どの商品やサービスをいくらで購入するかということについて合意をすることが、まず必要となります。

第2は、①定型約款を契約の内容にするという合意をするか――この合意を「**組入合意**」といいます――、②定型約款を準備した者――これを「**定型約款準備者**」といいます――が、あらかじめ定型約款を契約の内容とすることを相手方に表示していたか――この表示を「**組入表示**」といいます――、どちらかが必要とされています。

民法の基本原則からしますと、当事者は、合意をすればそれに拘束されるけれども、合意をしなければ拘束されることはありません。これによると、定型約款が使われる場合は、通常は、その定型約款に含まれる条項について合意があるわけではありませんので、それらの条項は当事者を拘束しない、つまり契約の内容にならないはずです。そうすると、定型約款が契約の内容になるためには、少なくとも、当事者が定型約款を契約の内容にするという合意、つまり①**組入合意**が必要になると考えられます。

これに対して、経済界から、大量におこなわれる定型取引でいちいち組入合意をするのは大変であるほか、後で合意がなかったとして定型約款が契約の内容にならないとされると、定型取引が成り立たなくなることが強く主張されました。②**組入表示**でも足りることとされたのは、そのためです。ただ、定型取引をするときに、事業者が定型約款を契約の内容とすることを相手方に表示すれば、特に異議を述べないかぎり、相手方もそれに同意したとみることができますので、実際には①組入合意があるといってよいでしょう。

ただ、**交通機関**や**道路**、**電気通信サービスの利用**については、利用の際にいちいち組入表示をすることは実際にはむずかしいでしょう。そこで、このような場合には、定型約款を契約の内容とすることをあらかじめ**公表**しておけばよいということが、民法とは別の法律(鉄道営業法や道路運送法、電気通信事業法など)で定められています。

2)定型約款の内容の表示　民法の基本原則によりますと、何が契約の内容になるかということをまったく知りようもないのに、契約の内容になってしまうことはありえません。そうすると、定型約款が契約の内容になるためには、相手方に少なくともあらかじめその**内容を知る機会**を与える必要があるはずです。定型約款を実際に渡すなどして、相手方がその気になりさえすればその内容を知ることができるようにすること──これを定型約款の「**開示**」といいます──が必要とされても、おかしくありません。

しかし、実際には、定型約款の内容をわざわざみようと思う人は少ないでしょうし、そのような人まで含めて常に開示が必要だとすると、コストばかりがかかってしまい、商品やサービスの代金を値上げすることになるだけではないか。こうした経済界からの反対を受けて、改正法では、定型約款の内容をあらかじめ表示することは、組入要件としないこととされています。

ただ、相手方が、自分が締結しようとし、又は締結した契約の内容を確認することができるようにすることは必要ですので、**相手方から請求があった**ときは、定型約款準備者は、その定型約款の内容を示さなければならないこととされました(改正法548条の3第1項)。定型取引合意の前に相手方がこの請求をしたのに、定型約款準備者が拒否したときは、定型約款は契約の内容にならないこととされています(改正法548条の3第2項)。

ただ、特に**消費者**を考えますと、このように、わざわざ事業者に定型約款の内容を示すよう求めることは期待できないでしょう。事業者と消費者の間には、情報や交渉力の点で格差がありますので、むしろ事業者の側が、消費者にとって契約の内容がわかるように努めることが求められます(消費者契約法3条1項)。少なくとも消費者契約に関しては、事業者は、消費者に定型約款の内容を知る機会を与えるように努める義務を負うというべきでしょう。

(エ)定型約款の不当条項規制

1)組入規制と不当条項規制の統合　改正法では、先ほどの**組入規制と不当条項規制が結び付けられている**ところに特徴があります。

それによると、先ほどの組入要件をみたした定型約款の条項のうち、①「相手方の権利を制限し、又は相手方の義務を加重する条項」であって、②「その定型取引の態様及びその実情並びに取引上の社会通念に照らして第1条第2項に規定する基本原則に反して相手方の利益を一方的に害すると認められるもの」は、「**合意をしなかったものとみなす**」とされています――①を「**前段要件**」、②を「**後段要件**」といいます――(改正法548条の2第2項)。「合意をしなかったものとみなす」というのは、その条項は契約に組み入れられないということです。無効とされたのと、結論に違いはありません。

2)定型約款の不当条項規制の対象　最初に少しふれたように、消費者契約については、すでに不当条項規制が定められています。消費者契約で定型約款が使われる場合は、消費者契約法と民法の規定がどちらも適用できますが、これまでどおり消費者契約法を適用すれば、十分でしょう。そうすると、定型約款に関する規定が意味を持つのは、**事業者間**で定型約款が使われる場合であるということができます。

3)消費者契約法の不当条項規制との違い　消費者契約法の不当条項規制(消費者契約法10条)と定型約款の不当条項規制を比べると、少し違いがありますが、よく似ていることがわかります。

	消費者契約法 10 条	改正法 548 条の 2 第 2 項
前段要件	消費者の不作為をもって当該消費者が新たな消費者契約の申込み又はその承諾の意思表示をしたものとみなす条項その他の法令中の公の秩序に関しない規定の適用による場合に比して 消費者の権利を制限し又は消費者の義務を加重する消費者契約の条項であって、	比較基準が必要だが，実質は同じ 前項の条項のうち、 相手方の権利を制限し、又は相手方の義務を加重する条項であって
後段要件	民法第１条第２項に規定する基本原則に反して消費者の利益を一方的に害するもの 消費者契約法の趣旨を考慮して信義則違反を判断	その定型取引の態様及びその実情並びに取引上の社会通念に照らして 民法第１条第２項に規定する基本原則に反して相手方の利益を一方的に害すると認められるもの 定型約款の特殊性を考慮して信義則違反を判断
効果	無効とする	合意をしなかったものとみなす

a)前段要件　　まず、**前段要件**について、「相手方の権利を制限し、又は相手方の義務を加重する条項」というのは、消費者契約法と変わりがありません。消費者契約法では、「法令中の公の秩序に関しない規定の適用による場合に比して」という**比較の基準**が示されているのに対し、改正法では定められていないところが違います。

この比較の基準について、**消費者契約法**では、「消費者の不作為をもって当該消費者が新たな消費者契約の申込み又はその承諾の意思表示をしたものとみなす条項」がその具体例としてあげられています。たとえば、契約の期間が終わるときに、消費者が何もしないと、契約が自動的に更新された――新しくまた契約された――こととする条項が、これにあたります。このような条項は、合意がなければ当事者は拘束されないという基本原則――これは「**合意原則**」ということができます――を適用した場合に比べて消費者の義務を加重する条項です。ただ、そうした基本原則は、民法その他の法令に明示的に定められていません。そのような法令に書かれていない――これを「**不文の**」といいます――基本原則でも、「法令中の公の秩序に関しない規定」――これは当事者がそれと異なることを合意することができる規定で、「**任意規定**」と呼ばれます

――に含まれることを示すために、このような例があげられているわけです。

改正法でも、相手方の権利を「制限」しているかどうか、相手方の義務を「加重」しているかどうかは、何かと比べないと判断できません。改正法には、その比較の基準が書かれていませんが、消費者契約法と実質は変わらないとみるべきでしょう。

b)後段要件　次に、**後段要件**について、「第1条第2項に規定する基本原則」――これは「権利の行使及び義務の履行は、信義に従い誠実に行わなければならない」というもので、「**信義則**」と呼ばれます――「に反して相手方の利益を一方的に害すると認められるもの」というのは、消費者契約法と変わりません。

その上で、改正法では、その判断は、「その定型取引の態様及びその実情並びに取引上の社会通念に照らして」おこなうこととされています。消費者契約法では、**消費者契約法の趣旨**――事業者と消費者の間の情報・交渉力の格差を是正する――を考慮して信義則に反するかどうかが判断されるのに対して、改正法では、**定型約款の特殊性**――相手方が定型約款の内容を知らなくても合意したとみなされること――を考慮して判断されるとされています。これによると、条項の内容が不当である場合だけでなく、そのような条項が含まれているとは予測できない条項――たとえばコーヒーメーカーを購入した場合に、コーヒー豆を定期的に購入する条項が含まれていた場合などで、このような条項を「**不意打ち条項**」といいます――も契約の内容にならないとされる可能性があると考えられています。

4)定型約款の変更　このほか、改正法では、**定型約款の変更**についても規定がおかれています(改正法548条の4)。これは、定型約款を組み入れた契約をした後で、定型約款準備者(事業者)が定型約款を変更することにより、一方的に――相手方と合意をしなくても――契約の内容を変更するための要件を定めたものです。

旧　法	改 正 法
	548条の4（定型約款の変更） 定型約款準備者は、次に掲げる場合には、定型約款の変更をすることにより、変更後の定型約款の条項について合意があったものとみなし、個別に相手方と合意をすることなく契約の内容を変更することができる。 一　定型約款の変更が、相手方の一般の利益に適合するとき。 二　定型約款の変更が、契約をした目的に反せず、かつ、変更の必要性、変更後の内容の相当性、この条の規定により定型約款の変更をすることがある旨の定めの有無及びその内容その他の変更に係る事情に照らして合理的なものであるとき。 2　定型約款準備者は、前項の規定による定型約款の変更をするときは、その効力発生時期を定め、かつ、定型約款を変更する旨及び変更後の定型約款の内容並びにその効力発生時期をインターネットの利用その他の適切な方法により周知しなければならない。 3　第1項第2号の規定による定型約款の変更は、前項の効力発生時期が到来するまでに同項の規定による周知をしなければ、その効力を生じない。 4　第548条の2第2項の規定は、第1項の規定による定型約款の変更については、適用しない。

このような一方的な契約の内容の変更は、合意がなければ当事者は拘束されないという合意原則からすると、認められないはずです。

そこで、改正法は、まず、定型約款の変更が相手方の一般の利益に適合する場合——これを「**利益変更**」といいます——は、変更を認めてよいとしています。この場合は、相手方にとって利益になるだけですので、特に合意は必要ないと考えたわけです。

それに対して、**利益変更以外**の場合は、変更が契約をした目的に反せず、かつ、変更が「合理的」であることが必要であるとし、さらに、効力発生時期を定めて、その到来前に周知をしないと、変更の効力が認められないとしました。

変更が「**合理的**」かどうかは、変更の必要性、変更後の定型約款の内容の相当性、改正法548条の4にしたがって定型約款を変更することがあるという定めがあるかどうかとその定めの内容等を考慮して判断するとされています。これが簡単に認められると、合意原則が意味を失います。特に、変更が必要であることを正当化する十分な理由があること、その理由に照らして変更の内容が必要な限度を超えないことが厳格に求められるというべきでしょう。

	利益変更の場合	利益変更以外の場合
要件	変更が相手方の一般の利益に適合	①変更が契約目的に反しない ②変更が合理的である •変更の必要性 •変更後の内容の相当性 •変更条項の有無・内容等を考慮
手続		①効力発生時期の定め ②効力発生時期の到来前の周知 •定型約款を変更すること •変更後の定型約款の内容 •効力発生時期

(b)**事業に関する債務の個人保証の規制**

今回の改正で、格差の是正がはかられたもう1つの例は、**事業に関する債務の保証契約に対する規制**です。これは、事業をしている人や会社の債務について個人が保証する場合を対象としています。たとえば、次のような場合がこれにあたります。

【ケース40】

印刷業を営むBは、A銀行に1000万円の融資を依頼した際に、その担保として保証人を立てるよう求められた。そこで、Bは、父親Cに頼み込んだ結果、保証人を引き受けるという了承が得られたので、A銀行が返済期を1年後としてBに1000万円を貸し付け、CがA銀行に対しその債務を保証するという契約を締結した。

このケースでは、Bは、A銀行から返済期を1年後として1000万円を借りていますので、1年後にA銀行に1000万円を返すという債務を負っています。Cは、この債務を保証するという契約をA銀行と結んでいます。

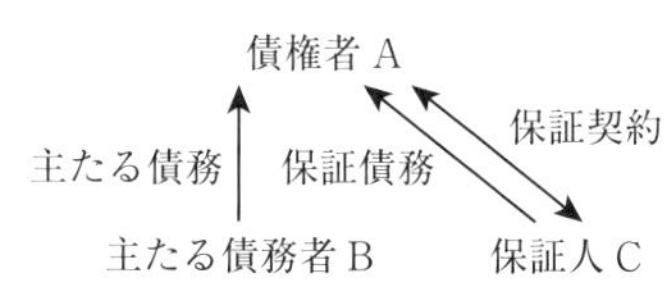

これを「**保証契約**」といい、保証を引き受けた者(C)を「**保証人**」といいます。また、保証が引き受けられた債務(BがA銀行に対して負う債務)を「**主たる債務**」、

その債務者(B)を「**主たる債務者**」といいます。

この場合、保証人Cは、主たる債務者Bが債権者であるA銀行に対して主たる債務(1年後に1000万円を返すという債務)を履行することができなければ、その代わりに債権者であるA銀行に1000万円を支払うという債務を負います。この保証人が負う債務を「**保証債務**」といいます。

このケースの保証契約は、保証人が個人であり、主たる債務が事業に関する債務であるところに特徴があります。

(ア)事業に関する債務の個人保証の問題点　このような保証がなぜ問題かといいますと、まず、このような保証がされるのは、多くの場合、親子や夫婦、親戚、友人関係などの人間関係があるので、保証を頼まれると断れないからです。これを保証の「**情義性**(じょうぎせい)」といいます。

しかも、保証人が保証契約をする時点では、あとで本当に履行を求められることになるかどうかわかりませんので、きっと大丈夫だろうと思ってしまいがちです。これを――かならずそうなるわけではないという意味で――保証の「**未必性**(みひつせい)」といいます。

しかし、現実には、事業に関する債務について保証しますと、多額の債務の履行を求められることになり、保証人の**生活も破綻**に追い込まれるおそれがあります。実際、そうした悲惨な例が後をたちません。

(イ)事業に関する債務の個人保証の規制　そこで、改正法では、①**事業のために負担した貸金等債務**――金銭の貸渡し又は手形の割引を受けることによって負担する債務(改正法465条の3第1項)――を主たる債務とする保証契約と、②主たる債務の範囲に**事業のために負担する貸金等債務**が含まれる根保証契約であって、保証人が法人でない――つまり**個人**である――場合について、特別な手続を要求することとされています(改正法465条の6)。

事業に関する債務の個人保証

①事業のために負担した貸金等債務を主たる債務とする個人保証契約

②主たる債務の範囲に事業のために負担する貸金等債務が含まれる個人根保証契約

⇒

必要な方式

契約の締結より前に、保証人が公正証書(1ヶ月以内に作成されたもの)で保証債務を履行する意思を表示することが必要

①保証人が、公証人に保証の主要な内容を口で伝える

②公証人がそれを筆記した上で、保証人に読み聞かせるか閲覧させる

③保証人が筆記を承認し、署名し、押印する

④公証人が適式であることを付記し、署名し、押印する

経営者保証

①主たる債務者＝法人
理事・取締役・執行役等
議決権の過半数を有する者等

②主たる債務者＝法人以外
共同事業者
事業に現に従事する配偶者

⇒

具体的には、契約の締結より前に、保証人になろうとする者が**公正証書**——これは1ヶ月以内に作成されたものでなければなりません——で**「保証債務を履行する意思」を表示**したことが必要とされます(改正法465条の6第1項)。

この公正証書を作成するときには、まず、①保証人になろうとする者が、保証の主要な内容を公証人に口で伝えなければなりません——これを「口授(くじゅ)といいます——。そして、②公証人がそれを筆記し、これを保証人になろうとする者に読み聞かせ、又は閲覧させなければなりません。さらに、③保証人になろうとする者が、筆記の正確なことを承認した後、署名し、印を押さなければなりません。そして、④公証人が、その証書はこの①～③の方式にしたがって作ったものであることを付記して、これに署名し、印を押すことが必要とされています(改正法465条の6第2項)。

公証人というのは元裁判官、元検察官がほとんどですが、そのような法律家が保証人の意思を確認することが必要とされていますので、安易に理由もなく重大な負担を引き受けてしまうことが防止されるだろうと考えられたわけです。

(ウ)例　外——経営者保証　　ただ、その例外として、このルールは、経営者保証の場合は、適用されないとされています。

経営者保証とは、①主たる債務者が**法人**である場合は、その理事・取締役・執行役又はこれらに準ずる者、あるいは、議決権の過半数を有する者等、②主たる債務者が**法人以外**である場合は、その主たる債務者と共同して事業をおこなう者、またはその事業に現に従事している主たる債務者の配偶者が保証人と

なる場合のことです(改正法465条の9)。

この場合は、先ほどの**方式要件をそなえる必要はない**とされています。自分たちで作成した契約書にサインをするという方法でもかまいません。これらの者は、その事業の経営者ないしはそれに準ずる者ですので、個人的な関係で頼まれても断れないだとか、よくわからないまま重大な負担を引き受けることになるという理由があてはまらないと考えられたためです。

ただ、最後の**配偶者**は大問題というべきです。配偶者をここに含めたのは、経営者が自分の財産を配偶者に移してしまうと、責任の追及ができなくなるので、配偶者を保証人にする必要があるからとされています。しかし、配偶者は、まさしく夫婦関係があるために頼まれると断れません。事業に従事していても、経営のことはわからないことが多いと考えられます。このような者こそ保護する必要があったというべきでしょう。

3．改正されなかった項目

ここまでは、今回実際に改正された項目を取り上げて、その特徴を紹介してきました。このように改正された項目は、とても紹介しきれないぐらいたくさんあるのですが、法制審議会の部会で改正に向けた検討がおこなわれたけれども、改正にいたらなかった項目もたくさんあります。改正にいたらなかった原因には、さまざまなものがありますが、全体を通じて共通した原因もいくつかみられます。ここでは、そのようなものとして、3つの原因をあげておきます。

1 コンセンサス主義

第1は、**コンセンサス主義**とでもいうべき姿勢です。

(1)コンセンサス主義とは

これは、法制審議会の伝統とでもいうべき姿勢なのですが、部会では、**全会一致の原則**がとられて、異論がある場合は、提案から落とすという方針がとられました。この姿勢は、中間試案以降のいわゆる第3ステージになってから顕著で、結果として、多くの改正提案が、コンセンサスが得られる見込みがないという理由で落ちていくことになりました。

もちろん、特に民法に関しては、制定されてからすでに120年近くが経過し、現行民法を前提として社会・経済活動が営まれています。そのため、コンセンサスが十分に得られていない改正をすると、大きな混乱が生ずることが予想されます。したがって、この「コンセンサス主義」は、国民各層から受け入れられる改正を実現するための方策であって、改正後の混乱を可能なかぎり防ぐという実践的意義があることは、間違いありません。

(2)コンセンサス主義の限界

ただ、その結果として、一部でも強い反対がある場合には、実践的に重要かつ必要な制度や規定であっても、明文化が見送られることが少なくありませんでした。

例えば、暴利行為、契約の解釈、事情変更、不安の抗弁権、交渉破棄・契約締結時の情報提供義務、債権譲渡の対抗要件、準委任の多様化——これは役務提供契約ないしサービス契約に関する規律です——など、これらはほんの一例にすぎません。いずれも実践的に非常に重要ですし、何らかのルールを定めることが必要だと考えられますが、具体的に明文化しようとしますと、なかなか意見が一致しません。特に利害関係のあるところから強い反対がありますと、多数の意見はほぼ一致していても、「コンセンサスが得られる見込みがない」として、改正が見送られることになりました。

しかし、結果として、**今後も解釈にゆだねられ、何が規範なのかが不確かな状態が続く**ことになってしまうのは、やむをえない場合もあったとは思いますが、やはり問題だったといわざるをえないように思います。

2 ルール化

第2は、**ルール化**とでもいうべきものです。これは、先ほどのコンセンサス主義ほど明示的に採用されていたわけではありませんが、部会のいたるところで顔を出していたものということができます。

(1)ルール化とは

これは、ひと言でいいますと、**可能なかぎり要件・効果を明確に定めたルールを規定する**ことが望ましいという姿勢です。実際、立法をしますと、大きな影響力があります。最高裁判所の判例ももちろん大きな意味を持ちますが、法律にはっきりと書かれますと、もう逃げようがありません。したがって、立法をする以上、その効力が及ぶ範囲を明確にしておかなければ、社会・経済活動が混乱することになりかねません。あいまいな条文を定めますと、思わぬ使われ方をする可能性があるので、そうならないように、可能なかぎり要件・効果を明確に定めておく必要があるというわけです。

(2)具体例——暴利行為・事情変更

ここでは、このような理由から明文化が見送られたものの例として、暴利行為と事情変更に関する提案を紹介しておきましょう。

暴利行為については、第3ステージで審議された部会資料80Bで、甲案のような提案がされていました。また、**事情変更**については、同じく第3ステージで審議された部会資料77Aでは、下記のような提案がされていました。いずれも、これまでの民法には規定がないものですが、判例によって認められてきた一般的な定式をほぼそのまま書き下ろしたものです。

部会資料80B	改正法
第1　法律行為（暴利行為が無効になる場合） 暴利行為について、次のような考え方があるが、どのように考えるか。 **【甲案】** 暴利行為について、次のような規律を設けるものとする。 当事者の一方に著しく過大な利益を得させ、又は相手方に著しく過大な不利益を与える契約は、相手方の窮迫、経験の不足その他の契約についての合理的な判断を困難とする事情を不当に利用してされたものであるときに限り、無効とする。 **【乙案】** 暴利行為については、新たな規律を設けない。	

部会資料77A	改正法
第1　著しい事情の変更による解除 事情変更の法理について、次のような規定を設けるものとする。 契約の締結後に、天災、事変その他の事由に基づき、契約の基礎とされた事情に著しい変更が生じた場合において、次の各号のいずれにも該当するときは、当事者は、当該契約の解除をすることができる。 ①　事情の著しい変更が、契約の当時、各当事者が予見することのできなかった特別なものであること。 ②　事情の著しい変更が、当該解除権を行使しようとする当事者の責めに帰することができないものであること。 ③　当該契約を存続させることが、契約の趣旨に照らし、当事者間の衡平を害する著しく不当なものであること。	

しかし、そのような提案であっても、最終的にコンセンサスが得られず、明文化は見送られました。

それは、1つには、実際にはさまざまな事情が考慮されているのに、一般的な定式で明文化してしまうと、そこに**書かれなかった事情を考慮することができなくなってしまう**おそれがあると考えられたからです。それに対して、もっと抽象的な定め方をすれば、そのような漏れはなくなるかもしれませんが、今度は、これまでは**考慮されていなかった事情まで考慮される可能性**が出てきて、必要以上に一般化され、思わぬ使い方がされるおそれが出てきます。いずれも、ルール化の要請からすると、認められないと考えられたわけです。

しかし、このように明文化が見送られますと、今後も判例・学説にゆだねられることになるわけですから、**明確性や安定性を欠く**ことになり、結局、ルール化の要請に反することになります。

(3) ルール化の限界

問題は、ルール化には**限界**があることです。ルールというのは、かならずといってよいほど、例外ルール、例外の例外ルールがともないます。すべてのルールをきちんと書き尽くすことは不可能ですし、そのようなことをしようとしますと、ルールが必要以上に複雑になって、透明性を欠くことになります。一般的なルールが定められている場合に、その**ルールの過不足を調整**するのが、**解釈の役割**だということもできます。もう少し解釈が適切におこなわれることを信頼して、必要かつ重要なルールは明文化するという方針を採用してもよかったように思います。

3 法制執務の方針

第3は、いわゆる**法制執務の方針**です。これは、政府が提出する法案をチェックする内閣法制局の伝統的な姿勢です。たとえば、「**当然のことは書かない**」、「**他の規定から読み取れる場合は書かない**」といったものが、それにあたります。この考え方は、第3ステージの最終段階で、非常に大きな影響をおよぼしました。結果として、それまでほとんど異論のなかった提案が落とされることになっています。

部会資料 68A	改 正 法
第１　履行請求権　1　債権の請求力 債権者は、債務者に対し、その債務の履行を請求することができるものとする。	
2　履行の不能(履行請求権の限界事由) (1)　債務の履行が不能(その債務が契約によって生じたものである場合にあっては、当該の契約の趣旨に照らして不能であることをいう。以下同じ。)であるときは、債権者は、その債務の履行を請求することができないものとする。 (2)　金銭の給付を目的とする債務については、上記(1)は、適用しないものとする。	**412 条の 2(履行不能)** 債務の履行が契約その他の当該債務の発生原因及び取引上の社会通念に照らして不能であるときは、債権者は、その債務の履行を請求することができない。 2　略

(1)履行請求権等

ここでは、代表的な例だけを紹介しておきますと、まず、**履行請求権**に関する提案です。

部会資料 68A では、「債権者は、債務者に対し、その債務の履行を請求することができる」ものとした上で、「債務の履行が不能(その債務が契約によって生じたものである場合にあっては、当該の契約の趣旨に照らして不能であることをいう。以下同じ。)であるときは、債権者は、その債務の履行を請求することができない」ものとすることが提案されていました。しかし、改正法では、この前半部分が削除されて、後半部分に相当するものだけが定められています。

これは、後半部分を書いておけば、前半部分にあたるものは表現されているという理由によるということです。

(2)売主の義務

もう１つの例は、**売主の義務**に関する提案です。

部会資料 75A	改正法
第３　売買　2　売主の義務 売主の義務について、次のような規律を設けるものとする。 (1)　略 (2)　売主は、売買の目的が物であるときは、性状及び数量に関して、契約の趣旨に適合するものを買主に引き渡す義務を負う。 (3)　略 (4)　略	

ここでも、部会資料75Aでは、売主の義務の１つとして、「売主は、売買の目的が物であるときは、性状及び数量に関して、契約の趣旨に適合するものを買主に引き渡す義務を負う。」と定めることが提案されていました。しかし、これは、改正法では削除されています。

これは、売主が、契約の内容に適合するものを買主に引き渡す義務を負うのは当然だから、書くまでもない。ほかに、買主に追完請求を認める規定(改正法562条１項)を置くので、そこからこの義務は読み取ることができるという理由によるということです。

しかし、売主がこのような義務を負うことは、当然ではありません。先ほども説明しましたように、これまで、瑕疵担保責任に関して、法定責任説がとられてきましたので、特定物売買の場合、売主は「この物を引き渡す」義務しか負わないと考えられてきました。今回の改正では、この点を契約責任説に転換することが大きな目玉の１つです。この売主の義務の定めは、こうした転換を宣言するものであって、非常に重要な意味を持つものだったわけです。それが削除されてしまったのは、残念というしかありません。

いずれにしましても、このように「当然のことは書かない」、「他の規定から読み取れる場合は書かない」という姿勢は、**プロの発想**です。もともとの「国民一般に分かりやすいものとする」という諮問の要請と相いれません。何のための改正だったかが問われることになるというべきでしょう。

VI. 民法改正の今後

ほかにもたくさん紹介するべき項目がありますが、この程度としておきます。最後に、民法改正の今後について示して、締めくくりとしたいと思います。

1．民法(債権関係)の改正

最初に紹介しましたように、**民法の一部を改正する法律**(平成29年法律第44号)が、2017年5月26日に国会で可決・成立し、6月2日に公布されました。施行は、公布の日から起算して3年を超えない範囲内において政令で定める日とされています(附則1条)。これは、新しい民法にあわせて契約書などを修正したりする必要がありますので、準備期間をある程度とる必要があるという理由によります。

民法は私法の基本法ですので、**他の法律**に大きな影響を及ぼします。実際、すでに民法に準拠した計360の法律について、民法にあわせるための改正が民法の改正と同時に公布されています。

さらに、民法に取り込むことについて検討はしたけれどもできなかった関連する法律、たとえば商行為法や消費者契約法などについては、民法と同じように、現代化と透明化をおこなう必要があります。**商行為法**のうち、運送・海商関係については、法制審議会で改正に向けた審議がおこなわれ、2016年2月に要綱が取りまとめられています。**消費者契約法**についても、2016年6月に、民法の改正を受けた改正が公布されているほか、さらに改正作業が続けられています。

このほか、これまで民法について**判例法**が積み重ねられてきたのですが、それらのうちどれが改正法のもとでも維持されるか、どれは維持されないかということを見きわめる必要が出てきます。これは、大変な作業になりそうです。

結局、今回の改正が定着し、安定するまで、5年から10年近くかかるのではないかと考えられます。

2．民法の他の部分の改正

今回の改正は、民法の全部ではありません。契約を中心とした債権関係の部分にかぎられています。おおむね全体の6割程度でしょう。では、**残りの部分**はどうなるのでしょうか。

1 相続法

まず、**相続法**については、すでに法務大臣から諮問が出されて、2015年4月に法制審議会民法(相続関係)部会が設置されています。諮問では、「高齢化社会の進展や家族の在り方に関する国民意識の変化等の社会情勢に鑑み、配偶者の死亡により残された他方配偶者の生活への配慮等の観点から、相続に関する規律を見直す必要がある」とされています。

部会では、2016年6月に中間試案を公表した後も審議を続け、2017年7月に「中間試案後に追加された民法(相続関係)等の改正に関する試案(追加試案)」が公表され、2018年春ごろまでには要綱が取りまとめられる予定です。

2 親族法

次に、**親族法**については、すでに1996年に、一度、改正要綱が作られています。そこでは、選択的夫婦別姓、つまり結婚するときに、今は夫婦は同じ姓を名乗ることになっていますが、夫婦がそれぞれもとの姓を名乗ることも選べるようにするという提案や、非嫡出子、つまり夫からみますと、妻との間の子ではなく、妻以外の女性との間の子ですが、その相続分を2分の1とする当時の民法の規定を改めて、子である以上は相続分は平等にするという提案などがおこなわれました。しかし、この要綱に対しては、保守派から強い反対があり、頓挫することになりました。

ただ、非嫡出子の相続分については、2013年に最高裁で違憲決定が出され(最決平成25年9月4日民集67巻6号1320頁)、その後、民法が改正されました。それに対し、夫婦別姓については、2015年に最高裁で合憲判決が出ましたので(最判平成27年12月16日民集69巻8号2586頁)、改正の機運は冷めた感があります。しかし、最高裁判決でも、これは立法の問題であることが指摘されていますので、今後も社会情勢をふまえて議論を続けることが必要であることに変わりはありません。

3 不法行為法・不当利得法

債権法のうち、今回の改正では、不法行為法と不当利得法は直接的にはあつかわれませんでした。しかし、これは今回の改正と関連性が非常に高いものですので、改正が不可欠となります。

特に**不当利得**に関しては、今回の改正で新たに法律行為が無効である場合の不当利得に関する規定(改正法121条の2)がおかれ、そこで不当利得の類型論と呼ばれる現在の通説的な立場が採用されました。そのため、他の不当利得の類型に関するルールを整備することが急務となっています。

また、**不法行為法**については、条文数が少ないこともあって、膨大な判例があります。民法を国民一般にわかりやすいものにするという観点からは、改正が不可欠というべきでしょう。

4 担保物権

物権のうち、**担保物権**については、2003年に、抵当権について最低限の改正がおこなわれています。しかし、担保は、資金の調達という経済活動を支えるインフラに属するものですので、その現代化が不可欠です。

5 物権法

これに対して、**物権法**、つまり物権に共通するルールや所有権・用益物権については、現代化の要請が、本当はあるのですが、それほど切実なものと受けとめられていないようです。現状では、後回しになる可能性が大きいのではないかと予想されます。

6 民法総則

最後に、**民法総則**については、1999年に成年後見制度が新設されました。2006年には法人法も改正されています。そして、今回、法律行為と消滅時効について改正されました。

残るのは、未成年者と取得時効です。**未成年者**については、成年年齢を20歳から18歳に下げるかどうかという問題があり、近いうちに改正がありそうです。**取得時効**は、おそらく物権法の改正と同時におこなわれることになるでしょう。

民法総則で今後の大きな課題になるのは、**人格権**に関する規定を定めるかどうかだと考えられます。

3．終わりに——民法と民法改正の大切さ

以上で、「民法」と「民法改正」を知っていただくための説明を終えることにしたいと思います。法律を知らない方に「民法」を知っていただくのは、なかなか大変なのですが、民法は、**暮らしと経済活動を支える基本法**らしいということはおわかりいただけたのではないかと思います。私たちの生活に関する基本ルールであるという意味で、憲法と同じくらい重要な法律だといってもいいすぎではありません。

それだけに、その民法がなぜいま改正されなければならないのか、どのように改正される必要があるのかということが、私たち自身の問題であることを強調しておかなければなりません。

付　録

「改正」といいましても、検討した結果、改正がされていない場合もあります(**A 型**)。わかりやすいのは、現在の規定がそのまま維持されている場合です(**A1 型**)。このほか、新たに規定を補充したり、新設したりすることが検討されたけれども、結果として、規定の補充や新設がされなかった場合もあります(**A2 型**)。

次に、「改正」はされたけれども、それは現在の規定のもとで解釈によって一般に認められてきたもの――これを広い意味での「現行民法」と呼んだりします――を確認・補充した場合もあります(**B 型**)。これは、さらに3つのものに区別できます。

第1は、現行民法を確認するために、規定を整備したものです(**B1 型**)。第2は、B1 型とは程度の差にすぎませんが、現行民法を確認・補充するために、規定の文言を修正したものです(**B2 型**)。第3は、現行民法を確認・補充するために、規定を補充したり、新設したりしたものです(**B3 型**)。

以上に対して、現行民法を修正している場合もあります(**C 型**)。これも、程度の差にすぎませんが、次の2つのものに区別できます。

第1は、現行民法を修正するために、これまでの規定を修正しているものです(**C1 型**)。第2は、現行民法を修正するために、規定を補充したり、新設したりしているものです(**C2 型**)。

A 型	現行民法の維持	A1 型	規定の維持
		A2 型	規定の不補充・不新設
B 型	現行民法の確認・補充	B1 型	規定の整備
		B2 型	規定の修正
		B3 型	規定の補充・新設
C 型	現行民法の修正	C1 型	規定の修正
		C2 型	規定の補充・新設

このような区別にしたがって、今回の改正を整理してみると、次の表のようになります。もっとも、それぞれの規定の位置づけについては、その改正の内容をどのように理解するかということだけでなく、前提として、現行民法をどのように理解するかによっても変わってきますので、立場によって評価が違ってこざるをえません。あくまでも一応の参考程度と考えていただければと思います。

なお、A2 型として取り上げたのは、中間試案まで検討項目としてあげられていたもののうち、主要なものだけです。改正にいたっていませんので、項目欄には【　】で示しておきました。

また、条文番号のうち、ⅠⅡⅢとあるのは、項を指します。

	条文番号	項　目	A1	A2	B1	B2	B3	C1	C2
第1編　総則	**第1章　通則**								
	1条	基本原則	○						
	2条	解釈の基準	○						
	第2章　人								
	第1節　権利能力								
	第2節　意思能力								
	3条の2	意思能力					○		
	第3節　行為能力								
	13条	保佐人の同意を要する行為等						○	
	20条	制限行為能力者の相手方の催告権			○				
	第4節　住所								
	第5節　不在者の財産の管理及び失踪の宣告								
	第6節　同時死亡の推定								
	第3章　法人								
	第4章　物								
	86条	不動産及び動産						○	
	第5章　法律行為								
	第1節　総則								
		【法律行為の意義】		○					
	90条	公序良俗				○			
		【暴利行為】		○					
	91条	任意規定と異なる意思表示	○						
	92条	任意規定と異なる慣習	○						
	第2節　意思表示								
	93条　Ⅰ	心裡留保(要件及び効果)			○				
	Ⅱ	(心裡留保の効果と第三者)					○		
	94条	虚偽表示	○						
	95条　Ⅰ Ⅱ Ⅲ	錯誤(錯誤の要件及び効果)				○		○	
	Ⅳ	(錯誤の効果と第三者)					○		
		【不実表示】		○					
	96条　Ⅰ	詐欺又は強迫(要件及び効果)	○						
	Ⅱ	(第三者による詐欺)				○			
	Ⅲ	(詐欺の効果と第三者)				○			
	97条　Ⅰ Ⅲ	意思表示の効力発生時期等			○		○		
	Ⅱ	(到達の擬制)					○		
	98条	公示による意思表示	○						
	98条の2	意思表示の受領能力					○		
	第3節　代理								
	99条	代理行為の要件及び効果	○						

	条文番号		項　　目	A1	A2	B1	B2	B3	C1	C2
第1編　総則	100条		本人のためにすることを示さない意思表示	○						
	101条		代理行為の瑕疵				○			
	102条		代理人の行為能力						○	
	103条		権限の定めのない代理人の権限	○						
	104条		任意代理人による復代理人の選任	○						
	105条		法定代理人による復代理人の選任			○				
	106条		復代理人の権限等			○				
	107条		代理権の濫用					○		
	108条	Ⅰ	自己契約及び双方代理等				○			
		Ⅱ	（利益相反行為）					○		
	109条	Ⅰ	代理権授与の表示による表見代理等	○						
		Ⅱ	（110条との重畳適用）					○		
	110条		権限外の行為の表見代理			○				
	111条		代理権の消滅事由	○						
	112条	Ⅰ	代理権消滅後の表見代理等						○	
		Ⅱ	（110条との重畳適用）					○		
	113条		無権代理	○						
	114条		無権代理の相手方の催告権	○						
	115条		無権代理の相手方の取消権	○						
	116条		無権代理行為の追認	○						
	117条		無権代理人の責任			○			○	
	118条		単独行為の無権代理	○						
			【授権】		○					
	第4節　無効及び取消し									
	119条		無効な行為の追認	○						
			【法律行為の一部無効】		○					
	120条		取消権者			○			○	
	121条		取消しの効果							
	121条の2		原状回復の義務							○
	122条		取り消すことができる行為の追認				○			
	123条		取消し及び追認の方法	○						
	124条		追認の要件				○			
	125条		法定追認				○			
	126条		取消権の期間の制限	○						
	第5節　条件及び期限									
	127条		条件が成就した場合の効果	○						
	128条		条件の成否未定の間における相手方の利益の侵害の禁止	○						
	129条		条件の成否未定の間における権利の処分等	○						
	130条		条件の成就の妨害等	○				○		
	131条		既成条件	○						
	132条		不法条件	○						

編	条文番号	項　目	A1	A2	B1	B2	B3	C1	C2
第1編　総則	133 条	不能条件	○						
	134 条	随意条件	○						
	135 条	期限の到来の効果	○						
	136 条	期限の利益及びその放棄	○						
	137 条	期限の利益の喪失	○						
	第6章　期間の計算								
	138 条	期間の計算の通則	○						
	139 条	期間の起算	○						
	140 条		○						
	141 条	期間の満了	○						
	142 条		○						
	143 条	暦による期間の計算	○						
	第7章　時効 第1節　総則								
	144 条	時効の効力	○						
	145 条	時効の援用				○			
	146 条	時効の利益の放棄	○						
	147 条	裁判上の請求等による時効の完成猶予及び更新						○	
	148 条	強制執行等による時効の完成猶予及び更新						○	
	149 条	仮差押え等による時効の完成猶予						○	
	150 条	催告による時効の完成猶予					○	○	
	151 条	協議を行う旨の合意による時効の完成猶予							○
	152 条	承認による時効の更新						○	
	153 条	時効の完成猶予又は更新の効力が及ぶ者の範囲			○				
	154 条				○				
	155 条～ 157 条	削除						○	
	158 条	未成年者又は成年被後見人と時効の完成猶予			○				
	159 条	夫婦間の権利の時効の完成猶予			○				
	160 条	相続財産に関する時効の完成猶予			○				
	161 条	天災等による時効の完成猶予						○	
	第2節　取得時効								
	162 条	所有権の取得時効	○						
	163 条	所有権以外の財産権の取得時効	○						
	164 条	占有の中止等による取得時効の中断	○						
	165 条		○						
	第3節　消滅時効								
	166 条	債権等の消滅時効						○	
	167 条	人の生命又は身体の侵害による損害賠償請求権の消滅時効							○
	168 条	定期金債権の消滅時効						○	

	条文番号	項　目	A1	A2	B1	B2	B3	C1	C2
	169条	判決で確定した権利の消滅時効			○				
	170条～ 174条の2	削除						○	
第2編　物権	**第1章　総則**								
	第2章　占有権 第1節　占有権の取得 第2節　占有権の効力 第3節　占有権の消滅 第4節　準占有								
	第3章　所有権 第1節　所有権の限界 第1款　所有権の内容及び範囲 第2款　相隣関係 第2節　所有権の取得 第3節　共有								
	第4章　地上権								
	第5章　永小作権								
	第6章　地役権								
	284条	地役権の時効取得			○				
	291条	地役権の消滅時効			○				
	292条				○				
	第7章　留置権								
	第8章　先取特権 第1節　総則 第2節　先取特権の種類 第1款　一般の先取特権 第2款　動産の先取特権								
	316条	不動産賃貸の先取特権の被担保債権の範囲			○				
	第3款　不動産の先取特権 第3節　先取特権の順位 第4節　先取特権の効力								
	第9章　質権 第1節　総則 第2節　動産質 第3節　不動産質								
	359条	設定行為に別段の定めがある場合等			○				
	第4節　権利質								
	363条	削除						○	
	364条	債権を目的とする質権の対抗要件			○				

編	条文番号	項目	A1	A2	B1	B2	B3	C1	C2
第2編 物権	365条	削除						○	
	第10章 抵当権								
	第1節 総則								
	370条	抵当権の効力の及ぶ範囲			○				
	第2節 抵当権の効力								
	第3節 抵当権の消滅								
	第4節 根抵当								
	398条の2	根抵当権			○				
	398条の3	根抵当権の被担保債権の範囲			○				
	398条の7	根抵当権の被担保債権の譲渡等			○				○
第3編 債権	**第1章 総則**								
	第1節 債権の目的								
	399条	債権の目的	○						
	400条	特定物の引渡しの場合の注意義務				○			
	401条	種類債権	○						
	402条	金銭債権	○						
	403条		○						
	404条	法定利率						○	
	405条	利息の元本への組入れ	○						
	406条	選択債権における選択権の帰属	○						
	407条	選択権の行使	○						
	408条	選択権の移転	○						
	409条	第三者の選択権	○						
	410条	不能による選択債権の特定						○	
	411条	選択の効力	○						
	第2節 債権の効力								
	第1款 債務不履行の責任等								
		【債権の請求力】		○					
	412条	履行期と履行遅滞				○			
	412条の2 Ⅰ	履行不能(履行請求権の限界)					○		
	Ⅱ	(原始的不能)							○
	413条	受領遅滞				○	○		
	413条の2	履行遅滞中又は受領遅滞中の履行不能と帰責事由					○		
	414条	履行の強制				○			
	415条 Ⅰ	債務不履行による損害賠償				○			
	Ⅱ	(塡補賠償の要件)					○		
	416条	損害賠償の範囲				○			
	417条	損害賠償の方法	○						
	417条の2	中間利息の控除							○
	418条	過失相殺				○			
	419条	金銭債務の特則						○	

	条文番号	項　目	A1	A2	B1	B2	B3	C1	C2
第3編　債権	420条	賠償額の予定				○			
	421条		○						
	422条	損害賠償による代位	○						
	422条の2	代償請求権					○		
	第2款　債権者代位権								
	423条	債権者代位権の要件				○	○	○	
	423条の2	代位行使の範囲					○		
	423条の3	債権者への支払又は引渡し					○		
	423条の4	相手方の抗弁					○		
	423条の5	債務者の取立てその他の処分の権限等							○
	423条の6	被代位権利の行使に係る訴えを提起した場合の訴訟告知							○
	423条の7	登記又は登録の請求権を保全するための債権者代位権					○		
	第3款　詐害行為取消権 第1目　詐害行為取消権の要件								
	424条	詐害行為取消請求					○		
	424条の2	相当の対価を得てした財産の処分行為の特則					○		
	424条の3	特定の債権者に対する担保の供与等の特則					○		
	424条の4	過大な代物弁済等の特則					○		
	424条の5	転得者に対する詐害行為取消請求							○
	第2目　詐害行為取消権の行使の方法等								
	424条の6	財産の返還又は価額の償還の請求					○		
	424条の7	被告及び訴訟告知					○		○
	424条の8	詐害行為の取消しの範囲					○		
	424条の9	債権者への支払又は引渡し					○		
	第3目　詐害行為取消権の行使の効果								
	425条	認容判決の効力が及ぶ者の範囲							○
	425条の2	債務者の受けた反対給付に関する受益者の権利							○
	425条の3	受益者の債権の回復					○		
	425条の4	詐害行為取消請求を受けた転得者の権利							○
	第4目　詐害行為取消権の期間の制限								
	426条	詐害行為取消権の期間の制限						○	
	第3節　多数当事者の債権及び債務 第1款　総則								
	427条	分割債権及び分割債務	○						
	第2款　不可分債権及び不可分債務								
	428条	不可分債権						○	
	429条	不可分債権者の一人との間の更改又は免除			○				
	430条	不可分債務						○	

	条文番号	項　目	A1	A2	B1	B2	B3	C1	C2
第3編　債権	431条	可分債権又は可分債務への変更	○						
	第3款　連帯債権								
	432条	連帯債権者による履行の請求等					○		
	433条	連帯債権者の一人との間の更改又は免除					○		
	434条	連帯債権者の一人との間の相殺					○		
	435条	連帯債権者の一人との間の混同					○		
	435条の2	相対的効力の原則					○		
	第4款　連帯債務								
	436条	連帯債務者に対する履行の請求						○	
	437条	連帯債務者の一人についての法律行為の無効等	○						
	438条	連帯債務者の一人との間の更改			○				
	439条	連帯債務者の一人による相殺等				○			
	440条	連帯債務者の一人との間の混同	○						
	441条	相対的効力の原則						○	
	442条	連帯債務者間の求償権				○			
	443条	通知を怠った連帯債務者の求償の制限				○			
	444条	償還をする資力のない者の負担部分の分担				○	○		
	445条	連帯債務者の一人との間の免除等と求償権					○		
	第5款　保証債務 第1目　総則								
	446条	保証人の責任等			○				
	447条	保証債務の範囲	○						
	448条	保証人の負担と主たる債務の目的又は態様				○			
	449条	取り消すことができる債務の保証	○						
	450条	保証人の要件	○						
	451条	他の担保の供与	○						
	452条	催告の抗弁	○						
	453条	検索の抗弁	○						
	454条	連帯保証の場合の特則	○						
	455条	催告の抗弁及び検索の抗弁の効果	○						
	456条	数人の保証人がある場合	○						
	457条	主たる債務者について生じた事由の効力			○	○			
	458条	連帯保証人について生じた事由の効力						○	
	458条の2	主たる債務の履行状況に関する情報の提供義務							○
	458条の3	主たる債務者が期限の利益を喪失した場合における情報の提供義務							○
	459条	委託を受けた保証人の求償権				○			
	459条の2	委託を受けた保証人が弁済期前に弁済等をした場合の求償権					○		
	460条	委託を受けた保証人の事前の求償権			○	○			
	461条	主たる債務者が保証人に対して償還をする場合			○				
	462条	委託を受けない保証人の求償権			○	○			

編	条文番号	項　目	A1	A2	B1	B2	B3	C1	C2
第3編　債権	463条	通知を怠った保証人の求償の制限等						○	
	464条	連帯債務又は不可分債務の保証人の求償権	○						
	465条	共同保証人間の求償権	○						
	第2目　個人根保証契約								
	465条の2	個人根保証契約の保証人の責任等						○	
	465条の3	個人貸金等根保証契約の元本確定期日			○			○	
	465条の4	個人根保証契約の元本の確定事由						○	
	465条の5	保証人が法人である根保証契約の求償権						○	
	第3目　事業に係る債務についての保証契約の特則								
	465条の6	公正証書の作成と保証の効力							○
	465条の7	保証に係る公正証書の方式の特則							○
	465条の8	公正証書の作成と求償権についての保証の効力							○
	465条の9	公正証書の作成と保証の効力に関する規定の適用除外							○
	465条の10	契約締結時の情報の提供義務							○
	第4節　債権の譲渡								
	466条	債権の譲渡性						○	○
	466条の2	譲渡制限の意思表示がされた債権に係る債務者の供託							○
	466条の3								○
	466条の4	譲渡制限の意思表示がされた債権の差押え							○
	466条の5	預金債権又は貯金債権に係る譲渡制限の意思表示の効力							○
	466条の6	将来債権の譲渡性					○		○
	467条	債権の譲渡の対抗要件			○	○			
		【債権譲渡が競合した場合における規律】		○					
	468条	債権の譲渡における債務者の抗弁						○	
	469条	債権の譲渡における相殺権					○		○
	第5節　債務の引受け 第1款　併存的債務引受								
	470条	併存的債務引受の要件及び効果					○		
	471条						○		
	第2款　免責的債務引受								
	472条	免責的債務引受の要件及び効果					○		○
	472条の2	免責的債務引受における引受人の抗弁等					○		
	472条の3	免責的債務引受における引受人の求償権					○		
	472条の4	免責的債務引受における担保の移転					○		
	第6節　債権の消滅 第1款　弁済 第1目　総則								

	条文番号		項　目	A1	A2	B1	B2	B3	C1	C2
第3編　債権	473条		弁済					○		
	474条		第三者の弁済				○			
	475条		弁済として引き渡した物の取戻し	○						
	476条		弁済として引き渡した物の消費又は譲渡がされた場合の弁済の効力等			○				
	477条		預金又は貯金の口座に対する払込みによる弁済					○		
	478条		受領権者としての外観を有する者に対する弁済			○				
	479条		受領権者以外の者に対する弁済			○				
	480条		削除			○				
	481条		差押えを受けた債権第三債務者の弁済			○				
	482条		代物弁済				○			
	483条		特定物の現状による引渡し				○			
	484条	Ⅰ	弁済の場所及び時間(弁済の場所)	○						
		Ⅱ	(弁済の時間)					○		
	485条		弁済の費用	○						
	486条		受取証書の交付請求			○				
	487条		債権証書の返還請求	○						
	488条		同種の給付を目的とする数個の債務がある場合の充当			○				
	489条		元本、利息及び費用を支払うべき場合の充当			○				
	490条		合意による弁済の充当					○		
	491条		数個の給付をすべき場合の充当			○				
	492条		弁済の提供の効果			○				
	493条		弁済の提供の方法	○						
	第2目　弁済の目的物の供託									
	494条		供託			○	○			
	495条		供託の方法	○						
	496条		供託物の取戻し	○						
	497条		供託に適しない物等				○			
	498条		供託物の還付請求等	○				○		
	第3目　弁済による代位									
	499条		弁済による代位の要件						○	
	500条					○				
	501条		弁済による代位の効果						○	
	502条		一部弁済による代位						○	
	503条		債権者による債権証書の交付等	○						
	504条		債権者による担保の喪失等				○	○		
	第2款　相殺									
	505条		相殺の要件等	○					○	
	506条		相殺の方法及び効力	○						
	507条		履行地の異なる債務の相殺	○						
	508条		時効により消滅した債権を自働債権とする相殺	○						

条文番号	項　目	A1	A2	B1	B2	B3	C1	C2
第3編　債権								
509条	不法行為等により生じた債権を受働債権とする相殺の禁止				○		○	
510条	差押禁止債権を受働債権とする相殺の禁止	○						
511条	差押えを受けた債権を受働債権とする相殺の禁止				○			○
512条	相殺の充当				○		○	
512条の2						○		
第3款　更改								
513条	更改				○		○	
514条	債務者の交替による更改						○	
515条	債権者の交代による更改					○		
516条	削除						○	
517条	削除						○	
518条	更改後の債務への担保の移転			○			○	
	【三面更改】		○					
第4款　免除								
519条	免除	○						
第5款　混同								
520条	混同	○						
第7節　有価証券 第1款　指図証券								
520条の2	指図証券の譲渡							○
520条の3	指図証券の裏書の方式							○
520条の4	指図証券の所持人の権利の推定							○
520条の5	指図証券の善意取得							○
520条の6	指図証券の譲渡における債務者の抗弁の制限							○
520条の7	指図証券の質入れ							○
520条の8	指図証券の弁済の場所							○
520条の9	指図証券の提示と履行遅滞							○
520条の10	指図証券の債務者の調査の権利等							○
520条の11	指図証券の喪失							○
520条の12	指図証券喪失の場合の権利行使方法							○
第2款　記名式所持人払証券								
520条の13	記名式所持人払証券の譲渡							○
520条の14	記名式所持人払証券の所持人の権利の推定							○
520条の15	記名式所持人払証券の善意取得							○
520条の16	記名式所持人払証券の譲渡における債務者の抗弁の制限							○
520条の17	記名式所持人払証券の質入れ							○
520条の18	指図証券の規定の準用							○
第3款　その他の記名証券								

編	条文番号	項目	A1	A2	B1	B2	B3	C1	C2
第3編 債権	520条の19	その他の記名証券							○
	第4款 無記名証券								
	520条の20	無記名証券							○
	第2章 契約								
	第1節 総則								
	第1款 契約の成立								
	521条	契約の締結及び内容の自由					○		
	522条	契約の成立と方式					○		
		【付随義務及び保護義務】		○					
		【信義則等の適用に当たっての考慮要素】		○					
		【契約締結の自由と契約交渉の不当破棄】		○					
		【契約締結過程における情報提供義務】		○					
	523条	承諾の期間の定めのある申込み				○			
	524条	遅延した承諾の効力	○						
	525条	承諾の期間の定めのない申込み				○	○		
	526条	申込者の死亡等				○	○		
	527条	承諾の通知を必要としない場合における契約の成立時期	○						
	528条	申込みに変更を加えた承諾	○						
	529条	懸賞広告				○			
	529条の2	指定した行為をする期間の定めのある懸賞広告						○	
	529条の3	指定した行為をする期間の定めのない懸賞広告						○	
	530条	懸賞広告の撤回の方法						○	
	531条	懸賞広告の報酬を受ける権利	○						
	532条	優等懸賞広告	○						
		【契約の解釈】		○					
	第2款 契約の効力								
	533条	同時履行の抗弁				○			
	534条	削除						○	
	535条	削除						○	
	536条	債務者の危険負担等						○	
	537条	第三者のためにする契約					○		
	538条	第三者の権利の確定					○		
	539条	債務者の抗弁	○						
	第3款 契約上の地位の移転								
	539条の2	契約上の地位の移転					○		
	第4款 契約の解除								
	540条	解除権の行使	○						
	541条	催告による解除						○	
	542条	催告によらない解除						○	
	543条	債権者の責めに帰すべき事由による場合							○

条文番号		項　目	A1	A2	B1	B2	B3	C1	C2
第3編　債権	544条	解除権の不可分性	○						
	545条	解除の効果					○		
	546条	契約の解除と同時履行	○						
	547条	催告による解除権の消滅	○						
	548条	解除権者の故意による目的物の損傷等による解除権の消滅						○	
	第5款　定型約款								
	548条の2	定型約款の合意							○
	548条の3	定型約款の内容の表示							○
	548条の4	定型約款の変更							○
		【事情変更の法理】		○					
		【不安の抗弁権】		○					
		【継続的契約】		○					
	第2節　贈与								
	549条	贈与				○			
	550条	書面によらない贈与の解除			○				
	551条	贈与者の引渡し義務等						○	
	552条	定期贈与	○						
	553条	負担付贈与	○						
	554条	死因贈与	○						
	第3節　売買 第1款　総則								
	555条	売買	○						
	556条	売買の一方の予約	○						
	557条	手付				○			
	558条	売買契約に関する費用	○						
	559条	有償契約への準用	○						
	第2款　売買の効力								
	560条	権利移転の対抗要件に係る売主の義務					○		
	561条	他人の権利の売買における売主の義務				○			
	562条	買主の追完請求権						○	
	563条	買主の代金減額請求権							○
	564条	買主の損害賠償請求及び解除権の行使						○	
	565条	移転した権利が契約の内容に適合しない場合における売主の担保責任						○	
	566条	目的物の種類又は品質に関する担保責任の期間の制限						○	
	567条	目的物の滅失等についての危険の移転					○		
	568条	競売における担保責任等			○	○			
	569条	債権の売主の担保責任	○						
	570条	抵当権等がある場合の買主による費用の償還請求				○			
	571条	削除			○				

条文番号		項　目	A1	A2	B1	B2	B3	C1	C2
第3編　債権	572条	担保責任を負わない旨の特約			○				
	573条	代金の支払期限	○						
	574条	代金の支払場所	○						
	575条	果実の帰属及び代金の利息の支払	○						
	576条	権利を取得することができない等のおそれがある場合の買主による代金の支払の拒絶				○			
	577条	抵当権等の登記がある場合の買主による代金の支払の拒絶				○			
	578条	売主による代金の供託の請求	○						
	第3款　買戻し								
	579条	買戻しの特約				○			
	580条	買戻しの期間	○						
	581条	買戻しの特約の対抗力				○			
	582条	買戻権の代位行使	○						
	583条	買戻しの実行	○						
	584条	共有持分の買戻特約付売買	○						
	585条		○						
	第4節　交換								
	586条	交換	○						
	第5節　消費貸借								
	587条	消費貸借	○						
	587条の2	書面でする消費貸借等						○	
	588条	準消費貸借				○			
	589条	利息					○		
	590条	貸主の引渡義務等						○	
	591条	返還の時期				○			
	592条	価額の償還	○						
	第6節　使用貸借								
	593条	使用貸借						○	
	593条の2	借用物受取り前の貸主による使用貸借の解除						○	
	594条	借主による使用及び収益	○						
	595条	借用物の費用の負担	○						
	596条	貸主の引渡し義務等						○	
	597条	期間満了等による使用貸借の終了			○				
	598条	使用貸借の解除			○		○		
	599条	借主による収去等				○	○		
	600条	損害賠償及び費用の償還の請求権についての期間の制限							○
	第7節　賃貸借 第1款　総則								
	601条	賃貸借				○			

	条文番号	項　　目	A1	A2	B1	B2	B3	C1	C2
第3編 債権	602条	短期賃貸借				○		○	
	603条	短期賃貸借の更新	○						
	604条	賃貸借の存続期間						○	
	第2款　賃貸借の効力								
	605条	不動産賃貸借の対抗力				○			
	605条の2	不動産の賃貸人たる地位の移転					○		
	605条の3	合意による不動産の賃貸人たる地位の移転					○		
	605条の4	不動産の賃借人による妨害の停止の請求等					○		
	606条	賃貸人による修繕等				○			
	607条	賃借人の意思に反する保存行為	○						
	607条の2	賃借人による修繕					○		
	608条	賃借人による費用の償還請求	○						
	609条	減収による賃料の減額請求				○			
	610条	減収による解除	○						
	611条	賃借物の一部滅失等による賃料の減額等						○	
	612条	賃借権の譲渡及び転貸の制限	○						
	613条	転貸の効果				○	○		
	614条	賃料の支払時期	○						
	615条	賃借人の通知義務	○						
	616条	賃借人による使用及び収益			○				
	第3款　賃貸借の終了								
	616条の2	賃借物の全部滅失等による賃貸借の終了					○		
	617条	期間の定めのない賃貸借の解約の申入れ	○						
	618条	期間の定めのある賃貸借の解約をする権利の留保	○						
	619条	賃貸借の更新の推定等			○				
	620条	賃貸借の解除の効力			○				
	621条	賃借人の原状回復義務					○		
	622条	使用貸借の規定の準用				○	○		
	第4款　敷金								
	622条の2	敷金					○		
	第8節　雇用								
	623条	雇用	○						
	624条	報酬の支払時期	○						
	624条の2	履行の割合に応じた報酬					○		
	625条	使用者の権利の譲渡の制限等	○						
	626条	期間の定めのある雇用の解除						○	
	627条	期間の定めのない雇用の解約の申入れ						○	
	628条	やむを得ない事由による雇用の解除	○						
	629条	雇用の更新の推定等	○						
	630条	雇用の解除の効力	○						
	631条	使用者についての破産手続の開始による	○						

	条文番号	項目	A1	A2	B1	B2	B3	C1	C2
第3編 債権		解約の申入れ							
	第9節 請負								
	632条	請負	○						
	633条	報酬の支払時期	○						
	634条	注文者が受ける利益の割合に応じた報酬					○		
	635条	削除						○	
	636条	請負人の担保責任の制限			○				
	637条	目的物の種類又は品質に関する担保責任の期間の制限						○	
	638条～640条	削除						○	
	641条	注文者による契約の解除	○						
	642条	注文者についての破産手続の開始による解除						○	
	第10節 委任								
	643条	委任	○						
	644条	受任者の注意義務	○						
	644条の2	復受任者の選任等			○				
	645条	受任者による報告	○						
	646条	受任者による受取物の引渡し等	○						
	647条	受任者の金銭の消費についての責任	○						
	648条	受任者の報酬					○		
	648条の2	成果等に対する報酬					○		
	649条	受任者による費用の前払請求	○						
	650条	受任者による費用等の償還請求等	○						
	651条	委任の解除						○	
	652条	委任の解除の効力	○						
	653条	委任の終了事由	○						
	654条	委任の終了後の処分	○						
	655条	委任の終了の対抗要件	○						
	656条	準委任	○						
		【役務提供契約】		○					
	第11節 寄託								
	657条	寄託						○	
	657条の2	寄託物受取り前の寄託者による寄託の解除等						○	
	658条	寄託物の使用及び第三者による保管			○			○	
	659条	無報酬の受寄者の注意義務			○				
	660条	受寄者の通知義務等				○	○		
	661条	寄託者による損害賠償	○						
	662条	寄託者による返還請求等					○		
	663条	寄託物の返還の時期	○						
	664条	寄託物の返還の場所	○						
	664条の2	損害賠償及び費用の償還の請求権につい							○

	条文番号	項　目	A1	A2	B1	B2	B3	C1	C2
第3編　債権		ての期間の制限							
	665 条	委任の規定の準用			○				
	665 条の 2	混合寄託					○		
	666 条	消費寄託						○	
	第 12 節　組合								
	667 条	組合契約	○						
	667 条の 2	他の組合員の債務不履行					○		
	667 条の 3	組合員の一人についての意思表示の無効等					○		
	668 条	組合財産の共有	○						
	669 条	金銭出資の不履行の責任	○						
	670 条	業務の決定及び執行の方法				○			
	670 条の 2	組合の代理					○		
	671 条	委任の規定の準用			○				
	672 条	業務執行組合員の辞任及び解任			○				
	673 条	組合員の組合の業務及び財産状況に関する検査			○				
	674 条	組合員の損益分配の割合	○						
	675 条	組合の債権者の権利の行使			○				
	676 条	組合員の持分の処分及び組合財産の分割					○		
	677 条	組合財産に対する組合員の債権者の権利の行使の禁止				○			
	677 条の 2	組合員の加入					○		
	678 条	組合員の脱退	○						
	679 条		○						
	680 条	組合員の除名	○						
	680 条の 2	脱退した組合員の責任等					○		
	681 条	脱退した組合員の持分の払戻し	○						
	682 条	組合の解散事由					○		
	683 条	組居の解散の請求	○						
	684 条	組合契約の解除の効力	○						
	685 条	組合の清算及び清算人の選任			○				
	686 条	清算人の業務の決定及び執行の方法			○				
	687 条	組合員である清算人の辞任及び解任			○				
	688 条	清算人の職務及び権限並びに残余財産の分割方法	○						
	第 13 節　終身定期金								
	689 条	終身定期金契約	○						
	690 条	終身定期金の計算	○						
	691 条	終身定期金契約の解除	○						
	692 条	終身定期金契約の解除と同時履行	○						
	693 条	終身定期金債権の存続の宣告	○						
	694 条	終身定期金の遺贈	○						
	第 14 節　和解								
	695 条	和解	○						

編	条文番号	項目	A1	A2	B1	B2	B3	C1	C2
第3編 債権	696条	和解の効力	○						
	第3章 事務管理								
	697条	事務管理	○						
	698条	緊急事務管理	○						
	699条	管理者の通知義務	○						
	700条	管理者による事務管理の継続	○						
	701条	委任の規定の準用	○						
	702条	管理者による費用の償還請求等	○						
	第4章 不当利得								
	703条	不当利得の返還義務	○						
	704条	悪意の受益者の返還義務等	○						
	705条	債務の不存在を知ってした弁済	○						
	706条	期限前の弁済	○						
	707条	他人の債務の弁済	○						
	708条	不法原因給付	○						
	第5章 不法行為								
	709条	不法行為による損害賠償	○						
	710条	財産以外の損害の賠償	○						
	711条	近親者に対する損害の賠償	○						
	712条	責任能力	○						
	713条		○						
	714条	責任無能力者の監督義務者等の責任	○						
	715条	使用者等の責任	○						
	716条	注文者の責任	○						
	717条	土地の工作物等の占有者及び所有者の責任	○						
	718条	動物の占有者等の責任	○						
	719条	共同不法行為者の責任	○						
	720条	正当防衛及び緊急避難	○						
	721条	損害賠償請求権に関する胎児の権利能力	○						
	722条	損害賠償の方法、中間利息の控除及び過失相殺	○						○
	723条	名誉毀損における原状回復	○						
	724条	不法行為による損害賠償請求権の消滅時効						○	
	724条の2	人の生命又は身体を害する不法行為による損害賠償請求権の消滅時効							○
	第4編 親族 第5編 相続								
	第7章 遺言 第4節 遺言の執行								
	1012条	遺言執行者の権利義務			○				
	1016条	遺言執行者の復任権						○	
	1018条	遺言執行者の報酬					○		

あとがき

法制審議会への諮問によると、今回の民法改正に求められていたのは、「制定以来の社会・経済の変化への対応」をはかることと、「国民一般に分かりやすいもの」とすることでした。民法が、暮らしと経済活動を支える基本法である以上、「制定以来の社会・経済の変化への対応」をはかることが必要とされるのはいうまでもないでしょう。それに加えて、どうして民法を「国民一般に分かりやすいもの」とすることが必要とされるのでしょうか。それは、民法が、社会の中で私たちが一緒に生きていくための共通の約束事だからです。そのような約束事は、本来、みんなで約束しあうものですし、みんなが守れるように、わかりやすいものでなければならないでしょう。民法は、法律のプロのためにあるものではなく、私たち自身のためにあるものです。「国民一般に分かりやすいもの」とすることが特に必要とされるのは、そのためにほかなりません。

もっとも、今回の改正によって民法がどれだけ「国民一般に分かりやすいもの」になったかといわれますと、こころもとありません。法律の条文は、誤解が生じないように示す必要がありますので、正確を期せば期すほど、複雑なものとなりがちです。法律家のあいだで確立した専門用語は、素人にもわかるように書き直そうとすると、意味が変わってくるおそれもありますので、慎重にしなければなりません。さらに根本的にいえば、民法の条文を理解するためには、たくさんの前提知識が必要になります。そうした前提知識をすべて民法の中に書き込むことは現実にはできない以上、民法という法律そのものを「国民一般に分かりやすいもの」とすることには、はじめから限界があることは否定できません。

しかし、それは、改正された民法の内容が「国民一般に分かりにくいもの」であっても仕方がないということを意味しません。民法の条文だけをみてもわかりにくいのであれば、その内容がわかるように手ほどきをするツールを用意すればよいだけです。本書は、まさに、改正された民法の内容を「国民一般に分かりやすいもの」とするためのツールの１つとして書かれたものです。ただし、本書は、民法を知らない人たちにもわかるように、民法の基礎からスタートして、改正法の基本的な特徴を理解していただくことを目指したものです。改正された項目のすべてを網羅的にあつかうものではありません。それらの詳細は、本書で示した羅針盤をもとに、他のより専門的な書物で学んでいただければと思います。

本書は、筆者が2015年5月30日に公益財団法人海の星学寮公開講演会でおこなった「民法と民法改正を知る――民法の大切さと120年ぶりの大改正のめざすもの」と題する講演をもとにしたものです。海の星学寮というのは、戦後の混乱期に、有為の人材を育成するため、舞鶴で網元をされていた浜中亦七氏が私財を投じて設立した学生寮で、私も学生時代をすごしたところです(http://www.uminohoshi-gakuryo.com/を参照)。20～30人の学生が食事をともにしながら起居する学生寮で、自由闊達な雰囲気のおかげか、実際にこれまで、さまざまな分野で活躍する人たちをたくさん輩出しています。この海の星学寮が2013年に新法人法にもとづいて公益財団法人に移行する際に、公益活動の一環として、公開講演会を実施することとなりました。2015年3月に、民法の一部を改正する法律案が閣議決定され、国会に提出されましたので、OBの1人である私がその内容について講演することとなったわけです。

講演は、海の星学寮のOBのほか、一般の方々も対象で、その大半は法律のことをまったくご存知ない方々でした。とりわけ、海の星学寮の先輩たちから「お前の話はわからん！」と怒られないように、基礎の基礎からスタートし、スライドもたくさん作って、話の内容をかみ砕くよう、準備に努めました。そのおかげか、思いのほかわかりやすかったというおほめの言葉をいただくことができました。

この話を耳にした岩波書店編集部の伊藤耕太郎氏から、この講演原稿をもとに改正民法の入門書を出版してはどうかというお勧めを受けました。伊藤氏からは、もう20年近く前から、法学入門ないし民法入門を書いてはどうかというご提案を受けていたこともありまして、ちょうど良い機会だと思い、お引き受けすることにしました。講演では、時間の制約から、肝心の改正民法の特徴については、ごくわずかしか話すことができなかったのですが、伊藤氏の提案により、本書では、特徴を体系立てて整理し、具体例の数もたくさんふやして、少しでも改正民法の内容を紹介することができるように努めました。本書がこのようなかたちで世に出ることになりましたのも、伊藤氏のおかげといわなければなりません。この場を借りて、心より御礼を申し上げることをお許しいただければと思います。

2017年8月13日　在外研究先のハンブルクにて

山本敬三

山本敬三
1960年生まれ。京都大学大学院法学研究科教授。専門は民法。法制審議会民法(債権関係)部会幹事など。
主な著書に、『公序良俗論の再構成』、『民法講義IV-1 契約』、『民法講義I 総則〔第3版〕』(以上、有斐閣)、『契約法の現代化I――契約規制の現代化』(商事法務)。

民法の基礎から学ぶ 民法改正

2017年9月26日　第1刷発行
2022年1月14日　第5刷発行

著　者　山本敬三(やまもとけいぞう)

発行者　坂本政謙

発行所　株式会社 岩波書店
〒101-8002 東京都千代田区一ツ橋2-5-5
電話案内 03-5210-4000
https://www.iwanami.co.jp/

印刷製本・法令印刷

ISBN 978-4-00-024885-3　　Printed in Japan